Sammlung

Aufserdeutscher Strafgesetzbücher

in deutscher Übersetzung.

Herausgegeben von den Schriftleitungen

der

Zeitschrift für die gesamte Strafrechtswissenschaft

und der

Mitteilungen der Internationalen Kriminalistischen Vereinigung.

XXXVI.

Das Gerichtsverfassungsgesetz und die Strafprozeßordnung von Japan.

BERLIN 1912.

J. Guttentag, Verlagsbuchhandlung,

G. m. b. H.

Das Gerichtsverfassungsgesetz und die Strafprozeſsordnung von Japan.

Anhang: Gesetz über die Gefangenenanstalten.

Ubersetzt und mit Anmerkungen versehen

von

Dr. Mannosuke Yamaoka, Staatsanwalt,

und

Dr. Otto Kerry, k. k. Hauptmannauditor.

BERLIN 1912.

J. Guttentag, Verlagsbuchhandlung,
G. m. b. H.

Einleitung.

Japanische Verfassungsurkunde.

Titel V.

Von der richterlichen Gewalt.

§ 57. Die richterliche Gewalt wird im Namen des Kaisers durch die Gerichte in Gemäßheit der Gesetze ausgeübt.

Die Organisation der Gerichte wird durch Gesetz bestimmt.

§ 58. Zu Richtern können nur diejenigen ernannt werden, welche die gesetzlich erforderliche Befähigung besitzen.

Ein Richter darf nur infolge Verurteilung wegen einer Straftat oder im Wege disziplinarischer Bestrafung seines Amtes entsetzt werden.

Die Bestimmungen über die disziplinarische Bestrafung werden durch Gesetz geregelt.

§ 59. Die Gerichtsverhandlungen gegen Anwesende und die Verkündung der Urteile sind öffentlich. Wenn aber dadurch eine Störung der Ruhe und Ordnung oder Verletzung der Sittlichkeit zu befürchten ist, so kann die Öffentlichkeit der Verhandlung durch Gesetz oder Gerichtsbeschluß ausgeschlossen werden.

§ 60. Alle Angelegenheiten, welche zur Zuständigkeit eines besonderen Gerichtshofes gehören, werden besonders durch Gesetz bestimmt.

Vgl. z. B. §§ 49, 50 H. G.

§ 61. Klagen wegen Rechtsverletzungen, welche durch vermeintliche ungesetzliche Handlungen der Verwaltungsbehörden verursacht sind und zur Zuständigkeit besonderer durch Gesetz errichteter Verwaltungsgerichte gehören, dürfen durch die Zivilgerichte nicht aufgenommen werden.

Saibansho koseïho.

Das Gerichtsverfassungsgesetz von Japan.

Gesetz Nr. 6 vom 10. Februar 1890, in Wirksamkeit vom 1. November 1890.

Inhaltsübersicht.

I. Teil.

Seite

Die Gerichte (Saibansho) **und Staatsanwaltschaften** (Kenjikioku).

II. Teil.

Beamte der Gerichte und Staatsanwaltschaften.
(Saibansho oyobi kenjikioku no kanri.)

---

[1]) Entsprechend dem deutschen Amtsgerichte.
[2]) Entsprechend dem österreichischen Landesgerichte.
[3]) Entsprechend dem deutschen Reichsgerichte.

III. Teil.

Behandlung der gerichtlichen Angelegenheiten.
(Shihójimu no toriátsukai.)

IV. Teil.

Justizverwaltung und Aufsichtsbefugnis.
(Shihogióseï no shokúmu oyobi kantokuken)

Saibansho koseïho.

Das Gerichtsverfassungsgesetz.

I. Teil.

Gerichte und Staatsanwaltschaften.

(Saibansho oyobi kenjikioku.)

1. Kapitel.

Allgemeine Bestimmungen (Sōsoku).

§ 1. Die ordentlichen Gerichte sind folgende:

1. Bezirksgerichte [1].
2. Landgerichte.
3. Oberlandesgerichte (Appellgerichtshöfe).
4. Der oberste Gerichtshof.

§ 2. Vor die ordentlichen Gerichte gehören alle bürgerlichen Rechtsstreitigkeiten und Strafsachen, für welche nicht gesetzlich besondere Gerichte bestellt sind.

§ 3. Landgerichte, Oberlandesgerichte und der oberste Gerichtshof sind Kollegialgerichte (Gōgi saibansho); von denselben werden alle Angelegenheiten, soweit es durch die Prozeßordnungen [2]) oder ein besonderes Gesetz nicht anders bestimmt ist, in Kammern (bzw. Senaten) von mehreren Richtern untersucht und abgeurteilt.

§ 4. Schaffung und Auflösung der Gerichte, ebenso ihr Sprengel (örtlicher Wirkungskreis), sowie Veränderung derselben sollen durch Gesetz bestimmt werden.

§ 5. Jedes Gericht soll mit einer genügenden Anzahl von Richtern versehen sein.

§ 6. Jedem Gerichte wird eine Staatsanwaltschaft beigegeben. Die Staatsanwälte sollen in Strafsachen die öffentliche Anklage erheben und alle zur Verfolgung dieser Klage notwendigen Maßnahmen ergreifen; sie sollen die gerechte Anwendung des Gesetzes fordern

---

[1]) Der Ausdruck „Kusaïbansho" ist wörtlich mit „Bezirksgericht" zu übersetzen und entspricht mehr dem österr. „Bezirks-", als dem deutschen „Amtsgerichte".

[2]) Zivil- und Strafprozeßordnung.

und überwachen, daß die Urteile der Gerichte richtig in Vollzug gesetzt werden; über bürgerliche Rechtsstreitigkeiten können sie immer, wenn sie es für notwendig erachten, Berichte abverlangen und ihre Meinung über die Sache abgeben. [1]) Sie sollen auch die Justiz- und Verwaltungsangelegenheiten ihres Gerichtes [2]), soweit diese Befugnis zu ihrem Wirkungskreise gehört, als Vertreter des öffentlichen Interesses überwachen [3]).

Die Staatsanwälte sollen in der Ausübung ihrer Pflichten von den Gerichten unabhängig sein.

Die örtliche Zuständigkeit einer Staatsanwaltschaft ist die gleiche wie die des Gerichtes, für welches sie bestellt ist. —

Falls der Staatsanwalt eines Gerichtes, wo es nur einen gibt oder alle Staatsanwälte, wo deren mehrere sind, verhindert wären, in einer Sache in Tätigkeit zu treten, so soll der Präsident des Gerichtes (Saïbansho chō) oder bei einem Bezirksgerichte der Einzelrichter (hanji) oder Gerichtsvorstand (Kantoku banji = Überwachungsrichter) bei Gefahr im Verzuge einen Richter bestimmen, welcher als Vertreter des Staatsanwaltes die betreffende Sache führt.

§ 7. Die Staatsanwaltschaften sollen mit einer genügenden Anzahl von Staatsanwälten versehen sein.

§ 8. Bei jedem Gerichte wird eine Gerichtskanzlei (Shoki kwa) errichtet. Die Gerichtskanzlei soll den ganzen schriftlichen Verkehr, das Rechnungswesen und die Behandlung der Akten sowie alle Geschäfte erledigen, welche ihnen durch dieses oder ein anderes Gesetz übertragen sind.

Die Staatsanwaltschaften der Gerichte können zur Erledigung der im vorangegangenen Absatze bestimmten Tätigkeiten, wenn sich die Notwendigkeit ergibt und nur wenn sie zu einem Kollegialgerichte gehören, eine besondere Kanzlei einrichten [4]).

Der Justizminister kann Beamte bei den Gerichten bestimmen, welche lediglich mit dem Rechnungswesen betraut sind.

§ 9. Bei den Bezirksgerichten werden Gerichtsvollzieher (Shitazuri) angestellt. Dieselben sollen die Aktenstücke der Gerichte zustellen und die Urteile derselben vollstrecken.

Außerdem haben sie jene besonderen Amtspflichten zu erfüllen, welche ihnen durch dieses oder ein anderes Gesetz vorgeschrieben sind.

---

[1]) In der Praxis nur dann, wenn eine bürgerliche Rechtsstreitigkeit von allgemeinem, öffentlichen Interesse ist, überdies in erb- und personenrechtlichen Prozessen.

[2]) Im japanischen Texte wörtlich: „Justiz- und Verwaltungsangelegenheiten, welche zu ihrem Gerichte gehören oder sich auf dasselbe beziehen." —

[3]) Die richterliche Unabhängigkeit, ausgesprochen im § 58 Abs. 2 der japanischen Verfassungsurkunde (siehe Einleitung) wird dadurch nicht eingeschränkt.

[4]) Wo sich keine eigene Kanzlei für eine Staatsanwaltschaft befindet, sowohl bei den Bezirks-, als auch bei einzelnen Kollegialgerichten, haben die Staatsanwaltschaften einen oder auch mehrere Gerichtsschreiber.

§ 10. In folgenden Fällen, ausgenommen wenn es durch ein Gesetz anders bestimmt ist, soll das nächste, gemeinschaftliche übergeordnete Gericht, wenn es ordnungsgemäß darum ersucht worden ist, die Entscheidung fällen, welches Gericht für eine bestimmte Sache zuständig sei:

1. wenn ein sonst zuständiges Gericht durch gesetzliche Gründe oder besondere Umstände und überdies auch das gemäß § 13 dieses Gesetzes bezeichnete Gericht, welches an seiner Stelle amtshandeln sollte, an der Ausübung ihrer Gerichtsbarkeit gehindert sind;
2. wenn die Zuständigkeit eines Gerichtes zweifelhaft wird durch Ungewißheit in der Begrenzung seines örtlichen Wirkungskreises;
3. wenn durch Gesetz oder durch mehrere rechtskräftige Entscheidungen mehrere Gerichte zuständig sind [1];
4. wenn eines von mehreren Gerichten, welche durch rechtskräftige Entscheidungen sich für unzuständig erklärt haben oder dafür erklärt worden sind, seine Gerichtsbarkeit ausüben soll [2].

2. Kapitel.

Bezirksgerichte (Küsaibansho).

§ 11. Die Gerichtsbarkeit bei den Bezirksgerichten wird durch Einzelrichter ausgeübt.

Ist ein Bezirksgericht mit mehreren Richtern besetzt, so sollen die Amtsgeschäfte (Rechtsfälle) nach allgemeinen vom Justizminister bestimmten Regeln verteilt werden.

Diese Verteilung (der Amtsgeschäfte) wird alljährlich im vorhinein vom Präsidenten des Landgerichtes bestimmt.

Keine Sache wird deshalb allein ungültig, weil sie etwa von einem Richter des Bezirksgerichtes erledigt worden ist, obwohl sie nach der vorgeschriebenen Verteilung einem andern Richter zugekommen wäre.

Hat ein Bezirksgericht mehrere Richter, so soll der Justizminister einen derselben als Gerichtsvorstand (Kantoku hanji = Überwachungsrichter) bestimmen und demselben die Verwaltungsgeschäfte des Gerichtes übertragen.

§ 12. Wenn die Verteilung der Amtsgeschäfte einmal festgesetzt ist, so soll dieselbe während des Gerichtsjahres [3]) nicht verändert werden mit Ausnahme von andauernden Hindernissen, wie etwa wenn ein Richter mit Arbeit überlastet ist, versetzt [4]) oder befördert wird, vom Amte zurücktritt, oder wegen Krankheit oder einer

---

[1]) Positiver Kompetenzkonflikt.

[2]) Negativer Kompetenzkonflikt.

[3]) Gerichtsjahr (Geschäftsjahr:) vom 1. 1. bis 31. 12. siehe § 126.

[4]) Versetzung eines Richters geschieht auch in Japan nur auf seinen Wunsch.

andern Ursache durch längere Zeit an der Ausübung seiner Tätigkeit gehindert ist.

§ 13. Wenn die Richter eines Bezirksgerichtes verhindert sind, ihre Tätigkeit auszuüben, so sollen sie sich gegenseitig vertreten in der Ordnung, welche alljährlich im vorhinein vom Präsidenten des Landgerichts bestimmt wird. In der Tätigkeit des Gerichtsvorstandes aber vertreten sie sich nach ihrer Rangordnung.

Falls ein Bezirksgericht wegen eines gesetzlichen Grundes oder wegen besonderer Umstände seine Tätigkeit nicht ausüben kann, wird wie im vorangegangenen Absatze alljährlich im vorhinein zu seiner Vertretung ein anderes Bezirksgericht bestimmt.

§ 14. Für folgende bürgerliche Rechtsstreitigkeiten ist das Bezirksgericht zuständig, wobei jedoch die Zuständigkeit der Gegenklage (han sō) sich nach den Bestimmungen der Zivilprozeßordnung richtet:

I. Für Forderungen einer Geldsumme oder Sache im Werte von nicht über 200 Yen [1]).

II. Ohne Rücksicht auf den Wert der Streitsache für folgende Klagen:

a) Streitigkeiten zwischen dem Vermieter und Mieter wegen Überlassung, (Empfang), Räumung, Benutzung, Besitz oder Ausbesserung von Wohn- oder sonstigen Gebäuden und Teilen derselben, sowie wegen Zurückhaltung (Beschlagnahme) der von dem Mieter in die Mieträume eingebrachten Möbel oder sonstigen Sachen.

b) Grenzstreitigkeiten.

c) Besitzklagen.

d) Streitigkeiten zwischen Dienstherren und Angestellten, insofern das Vertragsverhältnis ein Jahr oder weniger dauert.

e) Streitigkeiten zwischen Reisenden und Wirten, sowie Fuhrleuten zu Wasser und zu Lande, wechselseitig

1. über Zechen für Verpflegung oder Unterkunft, über Lohn für die Beförderung der Reisenden und ihrer Habe;
2. über Gepäck, Bargeld oder Wertgegenstände, welche sie den genannten Personen zur Aufbewahrung übergeben haben.

§ 15. Im außerstreitigen Verfahren sind die Bezirksgerichte für folgende Angelegenheiten in Ort und Umfang, wie es das Gesetz vorschreibt, zuständig:

1. Für die Überwachung der Vormünder und Kuratoren für Minderjährige, Narren, Geisteskranke, Abwesende oder andere Personen, denen gesetzlich oder durch Urteil ihre Vermögensverwaltung entzogen ist;

---

[1]) 1 Yen = etwa 2 M. oder 2 Kr. 50 h.

2. für die Eintragungen in die Register bezüglich der Rechtsverhältnisse an unbeweglichen Sachen und Schiffen;
3. für die Eintragungen in die Handels und Patentregister.

Mit der Einführung des neuen Strafgesetzbuches in Japan (Gesetz Nr. 30 Meïji 41, vom 23. 4. 1907) wurde § 16 wie folgt geändert:

§ 16. I. In Strafsachen sind die Bezirksgerichte für folgende Fälle zuständig, jedoch für die von Nr. 2 an angeführten Fälle nur dann, wenn keine Voruntersuchung geführt wird:
1. Für Delikte, welche mit Haft oder Geldbuße bedroht sind;
2. für Diebstähle;
3. für Verhehlungen von Sachen, welche durch Diebstahl erworben sind, sowie für die Delikte des § 254 StGB.[1])
4. für die Delikte der §§ 130, 175, 185—187, 209 [2]) sowie den Versuch des § 130 StGB.
5. für Delikte, welche mit nicht mehr als einem Jahre Zuchthaus oder Gefängnis oder 300 Yen Geldstrafe bedroht sind.

Wenn bei einem Delikte, welches mit mehreren Hauptstrafen bedroht ist, auch nur eine größere als die unter 1. und 5. erwähnten Strafen vorkommt, so gehört es nicht mehr zur Zuständigkeit der Bezirksgerichte.

---

[1]) § 254. Wer eine verlorene, gestrandete oder sonst aus dem Besitz eines Andern gekommene fremde Sache unterschlägt, wird mit Zuchthaus bis zu einem Jahre oder mit Geldstrafe bis zu einhundert Yen oder mit Geldbuße bestraft.

[2]) § 130. Wer widerrechtlich in die Wohnung eines Andern oder in Höfe, Baulichkeiten oder Schiffe, welche unter der Obhut eines Andern stehen, eindringt oder sich auf Aufforderung des Berechtigten nicht entfernt, wird mit Zuchthaus bis zu drei Jahren oder mit Geldstrafe bis zu fünfzig Yen bestraft.

§ 175. Wer eine unsittliche Schrift, Zeichnung, Abbildung oder andere unsittliche Gegenstände verbreitet, verkauft oder öffentlich ausstellt, wird mit Geldstrate bis zu fünfhundert Yen oder mit Geldbuße bestraft.

§ 185. Wer um Geldeinsätze ein Spiel oder eine Wette, wobei der Zufall allein den Ausschlag gibt, eingeht, wird mit Geldstrafe bis zu eintausend Yen oder mit Gelbuße bestraft, es sei denn, daß nur um solche Sachen gespielt oder gewettet wird, welche dem sofortigen Genusse dienen.

§ 186. Wer gewohnheitsgemäß spielt oder wettet, wird mit Zuchthaus bis zu drei Jahren bestraft.

Wer aus Gewinnsucht Spielbanken eröffnet oder Mitspieler wirbt, wird mit Zuchthaus von drei Monaten bis zu fünf Jahren bestraft.

§ 187. Wer Lotterielose zum Verkaufe feilhält, wird mit Zuchthaus bis zu zwei Jahren oder mit Geldstrafe bis zu dreitausend Yen bestraft.

Wer den Vertrieb von Lotterielosen vermittelt, wird mit Zuchthaus bis zu einem Jahre oder mit Geldstrafe bis zu zweitausend Yen bestraft.

Wer außer den in obigen beiden Absätzen erwähnten Fällen ein Lotterielos annimmt oder einem Andern gibt, wird mit Geldstrafe bis zu dreihundert Yen oder mit Geldbuße bestraft.

§ 209. Wer durch Fahrlässigkeit einen Andren körperlich verletzt oder an seiner Gesundheit beschädigt, wird mit Geldstrafe bis zu fünfhundert Yen oder mit Geldbuße bestraft.

Die Verfolgung des in diesem Paragraphen erwähnten Verbrechens tritt nur auf Antrag ein.

§ 16. II. Für die unter § 16 I. 5. erwähnten Delikte ist das Bezirksgericht auch bei Rückfall oder Konkurrenz mit anderen Delikten zuständig [1]).

§ 16. III. (Meïji 38, Gesetz Nr. 67 v. J 1905.) Der Justizminister kann die Strafsachen eines Bezirksgerichtes ganz oder teilweise einem andern Bezirksgerichte des gleichen Landgerichtssprengels zuweisen.

§ 17. Die Zuständigkeit der Bezirksgerichte wird, soweit sie durch die vorangegangenen Paragraphen nicht geregelt ist, bezüglich des in diesem Kapitel Enthaltenen weiter durch die Prozeßordnungen oder ein besonderes Gesetz bestimmt.

§ 18. Bei jedem Bezirksgerichte wird eine Staatsanwaltschaft mit Staatsanwälten eingerichtet.

Die Amtstätigkeit des Staatsanwaltes bei den Bezirksgerichten kann auch von den Beamten der Polizei, Offizieren und Unteroffizieren der Gendarmerie oder Forstbeamten des Ortes ausgeübt werden.

Der Justizminister kann in entsprechenden Fällen Richter, Rechtspraktikanten (shi ho) der Bezirksgerichte oder Vorstände von Bezirken (Gun), Stadt- (Shi), Markt- (cho) oder Dorfgemeinden (su) ermächtigen, anstelle der Staatsanwälte zu fungieren [2]).

3. Kapitel.

Landgerichte (Chihosaibansho).

§ 19. Die Landgerichte sind die Kollegialgerichte erster Instanz

Bei jedem Landgerichte gibt es eine oder mehrere Zivil- und eine oder mehrere Strafkammern.

§ 20. Jedes Landgericht hat einen Präsidenten.

Derselbe soll die allgemeinen Geschäfte des Gerichtes leiten und die Verwaltungsgeschäfte überwachen.

Jede Kammer eines Landgerichtes hat einen Direktor [3]), welcher die Amtsgeschäfte dieser Kammer verteilt und überwacht.

§ 21. Der Justizminister wird alljährlich bei jedem Landgerichte einen oder mehrere Richter bestimmen, welche für die bei dem Gerichte zuständigen Strafsachen die Voruntersuchung führen.

§ 22. Die Amtsgeschäfte eines jeden Landgerichtes sollen unter den verschiedenen Kammern und Untersuchungsrichtern nach allgemeinen Regeln, die vom Justizminister festgesetzt sind, verteilt werden.

Die Ernennung des Direktors, die Bestimmung der Mitglieder der einzelnen Kammern beim Landgerichte, ebenso die Stellvertretung des Gerichtspräsidenten, der Direktoren und Mitglieder der einzelnen

---

[1]) Behandlung vom Zusammentreffen „von Verbrechen" siehe StGB. §§ 44—55 „Rückfall" StGB. §§ 56—59.

[2]) In der Praxis kommt diese Ausübung des Amtes eines Staatsanwaltes durch Richter sowie durch Gemeinde- oder Bezirksvorsteher in Japan nicht vor,

[3]) Eine der Kammern hat als (Vorsteher) Direktor den Landgerichtspräsidenten, nach § 22, letzter Absatz.

Kammern für Fälle der Verhinderung in der Ausübung ihrer Pflichten soll ebenfalls alljährlich im vorhinein erfolgen.

Die in den beiden obigen Absätzen erwähnten Angelegenheiten werden nach Stimmenmehrheit in einer Sitzung entschieden, welche durch den Gerichtspräsidenten, die Direktoren und Ältesten einer jeden Kammer abgehalten werden; der Gerichtspräsident führt in dieser Sitzung den Vorsitz. Im Falle der Stimmengleichheit soll die Stimme des Vorsitzenden den Ausschlag geben.

Der Gerichtspräsident soll die Kammer bestimmen, welcher er selbst während des folgenden Jahres vorstehen will.

§ 23. Jede Sache, welche in einer Kammer begonnen, aber mit dem Ende des Gerichtsjahres (oder vor Beginn der Ferien)[1]) noch nicht beendet worden ist, kann durch diese Kammer mit denselben Richtern beendet werden, wenn es der Präsident für passend erachtet.

Jede Strafsache, welche durch einen Untersuchungsrichter erledigt werden muß und (mit Ablauf des Gerichtsjahres) nicht beendet worden ist, kann auch in der gleichen Art behandelt werden.

§ 24. Wenn die Verteilung der Amtsgeschäfte und die Aufteilung der Richter einmal gemäß § 22 bestimmt ist, dann sollen während des (Geschäfts-) Gerichtsjahres keine Änderungen eintreten, ausgenommen (während der Ferien oder)[2]) wenn eine längere Verhinderung eintritt wie etwa wegen eingetretener Überlastung einer Kammer, wenn ein Richter befördert, versetzt oder von seinem Amte enthoben wird, sowie wenn er wegen Krankheit oder einer andern Ursache durch längere Zeit abwesend ist.

Im Falle die Amtsgeschäfte bei einem Gerichte für die bestehenden Kammern übermäßig sind, können eine oder mehrere neue Kammern errichtet werden, sobald es der Justizminister für passend erachtet.

§ 25. Wenn ein Richter eines Landgerichtes verhindert ist, sich mit einer Angelegenheit zu beschäftigen und kein anderer Richter zur Stellvertretung beim gleichen Gerichte vorhanden ist, so kann der Gerichtspräsident, falls er die Sache für dringlich hält, einen Richter von einem Bezirksgerichte des betreffenden Landgerichtssprengels oder einen überzähligen Richter (yōbi hanji)[3]) zur Vertretung bestimmen.

§ 26. Für folgende bürgerliche Rechtsstreitigkeiten ist das Landgericht zuständig:

1. in erster Instanz:

für alle Forderungsklagen, welche nicht zur Zuständigkeit

---

[1]) Es gibt keine Gerichtsferien mehr nach Gesetz Nr. 71 vom 6. April 1911.

[2]) Siehe Anmerkung 1 zu § 23.

[3]) Ein yōbi hanji ist ein ernannter Richter, der noch keinen bestimmten Posten, Wirkungskreis hat; $1^1/_2$ Jahre nach der 1. Prüfung, wenn er die zweite Prüfung bestanden hat, wird derjenige yōbi hanji, für welchen nicht gleich ein Posten als Richter frei ist.

der Bezirksgerichte oder gemäß § 38 zu der der Oberlandesgerichte gehören;

2. in zweiter Instanz:
   a) für die Berufung gegen Urteile der Bezirksgerichte;
   b) für Beschwerden gegen Entscheidungen und Verfügungen der Bezirksgerichte, soweit solche Beschwerden gesetzlich gestattet sind.

§ 27. Für folgende Strafsachen ist das Landgericht zuständig:

1. in erster Instanz:
   für alle Strafsachen, welche nicht zur Zuständigkeit der Bezirksgerichte oder zur besonderen Zuständigkeit des obersten Gerichtshofes gehören;
2. in zweiter Instanz:
   a) für die Berufung gegen Urteile der Bezirksgerichte;
   b) für Beschwerden gegen Entscheidungen und Verfügungen der Bezirksgerichte, soweit solche Beschwerden gesetzlich gestattet sind.

§ 28. Für alle Konkursangelegenheiten sind die Landgerichte zuständig.

§ 29. Die Landgerichte sind im außerstreitigen Verfahren für Beschwerden gegen Entscheidungen und Verfügungen der Bezirksgerichte zuständig, soweit solche Beschwerden gesetzlich gestattet sind.

§ 30. Die sachliche und örtliche Zuständigkeit der Landgerichte, sowie die Art, in welcher sie ihre Gerichtsbarkeit ausüben sollen, werden, soweit dies nicht in diesem Gesetze geregelt ist, durch die Prozeßordnungen oder ein besonderes Gesetz festgesetzt.

§ 31. Der Justizminister kann, wenn er es für notwendig erachtet, wegen der weiten Entfernung oder Verkehrsschwierigkeiten zwischen einem Landgerichte und einem Bezirksgerichte seines Sprengels anordnen, daß zur Erledigung der Zivil- und Strafsachen eine oder mehrere Filialkammern (shibu) bei dem betreffenden Bezirksgerichte errichtet werden.

Bei der Aufstellung dieser Filialkammern können die Richter des Bezirksgerichtes, wo eine solche Kammer errichtet wird oder die eines benachbarten Bezirksgerichtes verwendet werden.

Der Justizminister soll die Richter, Untersuchungsrichter und Staatsanwälte für diese Filialkammern bestimmen.

Als Untersuchungsrichter kann der Justizminister Richter der Bezirksgerichte bestimmen, welche sich im Sprengel des betreffenden Landgerichtes befinden.

Die Bestimmungen des § 25 bezüglich der Vertretung von Richtern finden auch bei den Filialkammern entsprechende Anwendung.

§ 32. Bei den Landgerichten sollen alle Angelegenheiten, welche nach den Prozeßordnungen in einer Sitzung entschieden werden müssen, durch eine aus drei Richtern zusammengesetzte Kammer verhandelt und entschieden werden; einer dieser Richter ist der Vorsitzende (saiban cho) und es darf unter ihnen nicht mehr als ein überzähliger Richter (yobi hanjï) sein. Die übrigen Angelegenheiten sollen auf die durch die Prozeßordnungen oder ein besonderes Gesetz bestimmte Art von den Richtern erledigt werden.

§ 33. Bei den Staatsanwaltschaften eines jeden Landgerichtes soll ein „Erster Staatsanwalt" sein, welcher die Amtsgeschäfte verteilt und ihre Erledigung leitet und überwacht. In der Erledigung aller Amtsgeschäfte können die übrigen Staatsanwälte ihn ohne besondere Ermächtigung hierzu vertreten.

4. Kapitel.

Oberlandesgerichte (Kōsōïn).

§ 34. Die Oberlandesgerichte sind Kollegialgerichte zweiter Instanz.

Bei jedem Oberlandesgerichte gibt es eine oder mehrere Zivil- und eine oder mehrere Strafsenate [1]).

§ 35. Jedes Oberlandesgericht hat einen Präsidenten.

Derselbe soll die allgemeinen Geschäfte des Gerichtes leiten und die Verwaltungsgeschäfte überwachen.

Jeder Senat eines Oberlandesgerichtes hat einen Präsidenten [2]), welcher die Amtsgeschäfte dieses Senates verteilt und überwacht.

§ 36. Bezüglich der Verteilung und Erledigung der Amtsgeschäfte sowie der Stellvertretung eines Richters durch einen andern werden auch beim Oberlandesgerichte die §§ 22, 23 und 25 mit folgenden Änderungen angewendet:

1. Die Befugnisse, welche in den erwähnten Paragraphen den Landgerichtspräsidenten eingeräumt sind, werden den Präsidenten der Oberlandesgerichte übertragen.
2. Wenn ein Richter eines Oberlandesgerichtes verhindert ist, eine Sache zu verhandeln, und es keinen andern Richter bei dem gleichen Gerichtshofe zu seiner Vertretung gibt, so kann ein Richter des Landgerichtes vom Orte, wo das Oberlandesgericht seinen Sitz hat, — falls die Angelegenheit dringender Natur ist, ihn vertreten, nachdem der Präsident des Oberlandesgerichtes den Landgerichtspräsidenten ersucht hat, ihm einen Richter zur Verfügung zu stellen; ein überzähliger Richter jedoch darf nicht zu dieser Stellvertretung berufen werden.

§ 37. Die Oberlandesgerichte sind für folgende Fälle zuständig

1. Für die Berufung gegen Urteile, welche in erster Instanz von den Landgerichten gefällt worden sind;

---

1) Im Japanischen „bu" = „Senat", derselbe Ausdruck wie für die „Kammern des Landgerichtes § 19.

2) Im Japanischen „buchō" = Präsident, derselbe Ausdruck wie für den „Direktor" des Landgerichtes.

2. für die Revision gegen Urteile des Landgerichtes, welche von letzteren als zweite Instanz für Urteile der Bezirksgerichte gefällt worden sind[1];
3. für Beschwerden gegen Entscheidungen und Verfügungen der Landgerichte, soweit diese Beschwerden gesetzlich zulässig sind.

§ 38. Die Zuständigkeit für bürgerliche Rechtsstreitigkeiten in erster und zweiter Instanz gegen Mitglieder der kaiserlichen Familie hat das Oberlandesgericht in Tokio.

Für diesen Fall wird in erster Instanz das Verfahren beim Landgerichte als erste Instanz angewendet[2].

§ 39. Die sachliche und örtliche Zuständigkeit der Oberlandesgerichte, sowie die Art, in welcher sie ihre Gerichtsbarkeit ausüben sollen, werden, soweit dies nicht in diesem Gesetze geregelt ist, durch die Prozeßordnungen oder ein besonderes Gesetz festgesetzt.

§ 40. Bei den Oberlandesgerichten sollen alle Angelegenheiten, welche nach den Prozeßordnungen in Sitzungen entschieden werden müssen, durch einen aus fünf Richtern zusammengesetzten Senat verhandelt und entschieden werden; von den 5 Richtern ist einer der Vorsitzende.

Die übrigen Angelegenheiten sollen von den Richtern nach den Bestimmungen der Prozeßordnungen erledigt werden.

§ 41. Im Falle des § 38 soll die Angelegenheit in erster Instanz von einem Senate von 5 Richtern, in zweiter Instanz von einem eigens gebildeten Senate von 7 Richtern untersucht und abgeurteilt werden; einer der 5 oder 7 Richter ist der Vorsitzende.

§ 42. Bei der Staatsanwaltschaft eines Oberlandesgerichtes ist ein Oberstaatsanwalt (Kenji chō).

Bezüglich seines Wirkungskreises und des der andern Staatsanwälte soll § 33 Anwendung finden.

Kapitel 5.

Der Oberste Gerichtshof (Daïshinin).

§ 43. Der Oberste Gerichtshof ist das höchste Gericht.

Beim Obersten Gerichtshofe gibt es einen oder mehrere Zivil- und einen oder mehrere Strafsenate.

§ 44. Der Oberste Gerichtshof hat einen Präsidenten.

Derselbe soll die allgemeinen Geschäfte des Gerichtshofes leiten und die Verwaltungsgeschäfte überwachen.

Jeder Senat des Obersten Gerichtshofes hat einen Präsidenten (bu chō)[3], welcher die Amtsgeschäfte des Senates verteilt und überwacht.

---

[1]) In diesen Fällen ist das Oberlandesgericht dritte Instanz, siehe § 50[1].
[2]) Siehe § 50[1].
[3]) Derselbe Ausdruck wie in § 20, „Direktor" der Kammer.

§ 45. Die Verteilung der Amtsgeschäfte beim Obersten Gerichtshofe und die Ordnung der Stellvertretung soll alljährlich im vorhinein durch den Präsidenten des Gerichtshofes nach Beratung mit den Senatspräsidenten bestimmt werden.

Der Präsident des Obersten Gerichtshofes soll den Senat bestimmen, welchem er selbst während des folgenden Jahres vorstehen will.

Wenn ein Richter des Obersten Gerichtshofes verhindert ist, sich mit einer Angelegenheit zu beschäftigen und kein anderer Richter zur Stellvertretung beim Obersten Gerichtshofe vorhanden ist, so soll ein Richter des Oberlandesgerichtes, wo der Oberste Gerichtshof seinen Sitz hat[1], ersucht werden, falls diese Angelegenheit dringend erscheint, den Richter beim Obersten Gerichtshofe zu vertreten, nachdem der Präsident des Obersten Gerichtshofes den Präsidenten des Oberlandesgerichtes ersucht hat, ihm einen Richter zur Verfügung zu stellen.

§ 46. Der Senatspräsident oder jedes andere Mitglied des Senates können jederzeit mit ihrer Zustimmung durch den Präsidenten des Obersten Gerichtshofes zu einem andern Senate versetzt werden.

§ 47. Wenn die Zusammensetzung eines einmal gebildeten Senates verändert wird, so gilt für die noch anhängigen Angelegenheiten § 23.

Bei einer Veränderung in der Verteilung der Geschäfte während des Gerichtsjahres wird § 24 angewendet.

§ 48. An die Rechtsansicht des Obersten Gerichtshofes bei der Entscheidung eines bestimmten Falles sind alle untergeordneten Gerichte nur für diesen Fall gebunden

§ 49. Wenn bei einer Revision ein Senat des Obersten Gerichtshofes eine Rechtsansicht hat, welche im Widerspruche ist mit einer früheren Entscheidung, die von einem oder mehreren Senaten des Obersten Gerichtshofes gefällt worden ist, so soll dieser Senat dem Präsidenten des Obersten Gerichtshofes einen Bericht darüber vorlegen; derselbe wird sodann anordnen, daß alle Zivil- oder alle Strafsenate oder auch alle Zivil- und Strafsenate des Obersten Gerichtshofes zusammen — je nach der Natur der Sache — eine gemeinsame Sitzung halten und diese Revision gemeinsam untersuchen und entscheiden.

§ 50. (Verändert durch Gesetz No. 30 1908 (Meiji 41) wie folgt:

Der Oberste Gerichtshof ist für folgende Fälle zuständig:

1. als letzte Instanz:
   a) für die Revision gegen Urteile der Oberlandesgerichte mit Ausnahme jener, die von diesem gemäß § 37 [2] (in letzter Instanz)[2], sowie gemäß § 38 in erster Instanz[3]) gefällt worden sind;

[1]) Oberlandesgericht in Tokio also.

[2]) Weil das Oberlandesgericht in diesem Falle bereits dritte Instanz ist.

[3]) Siehe § 41.

b) für Beschwerden gegen Entscheidungen und Verfügungen der Oberlandesgerichte, soweit solche gesetzlich zulässig sind;

2. als erste und letzte Instanz:
für die Untersuchung und Entscheidung der in den §§ 73 und 75 sowie 77—79 StGB.[1]) angeführten Delikte und jener, welche von Mitgliedern des kaiserlichen Hauses begangen worden sind, wenn diese Delikte mit Gefängnis oder einer schwereren Strafe bedroht sind.

§ 51. Zur Untersuchung und Entscheidung der in No. 2 des vorigen § erwähnten Fälle kann der Oberste Gerichtshof, falls er es für notwendig erachtet, seine Sitzungen bei einem Oberlandesgerichte oder einem Landgerichte abhalten.

In diesem Falle können Mitglieder des Oberlandesgerichtes als Mitglieder eines Senates beigezogen werden, jedoch weniger als die Hälfte.[2])

§ 52. Die sachliche und örtliche Zuständigkeit des Obersten Gerichtshofes, sowie die Art, in welcher er seine Gerichtsbarkeit ausüben soll, werden soweit dies nicht in diesem Gesetze geregelt ist, durch die Prozeßordnungen oder ein besonderes Gesetz festgesetzt.

§ 53. Beim Obersten Gerichtshofe sollen alle Angelegenheiten, welche nach den Prozeßordnungen in einer Sitzung behandelt und entschieden werden müssen, durch einen Senat von sieben Richtern, von denen einer der Vorsitzende ist, verhandelt und entschieden.

---

[1]) § 73. Wer eine gefahrbringende Handlung gegen den Kaiser, die Kaiserin Großmutter, die Kaiserin Mutter, die Kaiserin, den Kronprinzen oder den zur Thronfolge bestimmten Enkel des Kaisers begeht oder zu begehen unternimmt, wird mit dem Tode bestraft.

§ 75. Wer eine gefahrbringende Handlung gegen ein Mitglied der kaiserlichen Familie begeht, wird mit dem Tode bestraft. Wer eine solche Handlung zu begehen unternimmt, wird mit lebenslänglichem Zuchthaus bestraft.

§ 77. Wer eine aufständische Bewegung hervorruft in der Absicht, die Regierung zu stürzen oder dem Reiche Gebiete zu entreißen oder sonst in die Reichsverfassung einzugreifen, wird nach folgender Maßgabe bestraft:

1. Der Rädelsführer mit dem Tode oder lebenslänglicher Gefängnisstrafe.
2. Wer an den Beratungen über eine aufständische Bewegung teilgenommen oder den Befehl über eine Menschenmenge geführt hat, mit lebenslänglichem Gefängnis oder mit Gefängnis nicht unter drei Jahren; wer sonst irgend eine leitende Stellung übernommen hat, mit Gefängnis von einem bis zu zehn Jahren.
3. Wer sich nur den Anderen angeschlossen oder sich sonst einfach an der aufständischen Bewegung beteiligt hat, mit Gefängnis bis zu drei Jahren

Der Versuch der im obigen Absatze erwähnten Verbrechen ist strafbar, ausgenommen der in Ziffer 3 erwähnte Fall.

§ 78. Wer die Ausführung einer aufständischen Bewegung vorbereitet oder sich mit Anderen zu einer solchen Bewegung verschworen hat, wird mit Gefängnis von einem bis zu zehn Jahren bestraft.

§ 79. Wer dadurch, daß er Waffen, Geld oder Getreide liefert, oder durch sonst eine Handlung zu den in den §§ 77 und 78 erwähnten Verbrechen Beihilfe leistet, wird mit Zuchthaus bis zu sieben Jahren bestraft.

[2]) also höchstens 3.

Die übrigen Angelegenheiten sollen auf die durch die Prozeßordnungen bestimmte Art von den Richtern erledigt werden.

§ 54. Für den im § 49 erwähnten Fall müssen wenigstens $^2/_3$ der Richter von den vereinigten Senaten anwesend sein.

Wenn in einem solchen Falle alle Zivil- oder alle Strafsenate oder alle Zivil- und Strafsenate vereinigt sind, so soll der rangälteste Richter dieser vereinigten Senate den Vorsitz führen; jedoch kann der Präsident des Obersten Gerichtshofes, wenn er es für passend findet, auch selbst den Vorsitz übernehmen.

§ 55. Der Präsident des Obersten Gerichtshofes wird in jedem einzelnen Falle, welcher nach § 50 vom Obersten Gerichtshofe in erster und letzter Instanz zur Aburteilung kommt [1], einen Richter des Obersten Gerichtshofes zur Führung der Voruntersuchung bestimmen. Falls er es für nützlich hält, kann er auch durch einen Richter jedes anderen Gerichtes [2] die Voruntersuchung führen lassen

§ 56. Bei der Staatsanwaltschaft des Obersten Gerichtshofes ist ein Generalprokurator (kenji socho).

Bezüglich seines Wirkungskreises und des der anderen Staatsanwälte soll § 33 Anwendung finden.

II. Teil.

Beamte der Gerichte und Staatsanwaltschaften.

(Saibansho oyobi kenji kioku no kanri).

1. Kapitel.

Die notwendigen Vorbereitungen und Fähigkeiten zum Amte eines Richters oder Staatsanwaltes.

(Hanji matawa kenji ni ninzeraruru ni hizuejonaru jumbi oyobi shikaku).

§ 57. Mit Ausnahme der im § 65 erwähnten Fälle erfolgt die Ernennung zum Richter oder Staatsanwalt nach Ablegung von zwei Prüfungen (kiōsō shǐken) [3].

§ 58. Die notwendigen Fähigkeiten für die Kandidaten, um zu den im vorigen § erwähnten Prüfungen zugelassen zu werden, sowie die besonderen Vorschriften, welche sich auf diese Prüfungen beziehen, sollen vom Justizminister in den „Bestimmungen für die Prüfungen der Richter und Staatsanwälte festgesetzt werden.

---

[1] Also § 50¹.

[2] Gewöhnlich nur vom Landgerichte in Tokio.

[3] Diese Prüfungen sind eine Art von Wettprüfungen, bei denen nur eine gewisse Anzahl der Besten (von etwa 100 oder mehr, die zur 1. Prüfung zugelassen werden, kaum 60) zu Rechtspraktikanten ernannt werden; die anderen (40) müssen beim nächsten Termin die Prüfung neuerlich ablegen und können nur auf die Ernennung hoffen, wenn sie sich selbst gebessert oder ihre Konkurrenten sich verschlechtert haben.

Die Kandidaten, welche die erste Prüfung bestanden haben, müssen vor Zulassung zur zweiten Prüfung eine Amtszeit (jitti shiushū) von $1^1/_2$ Jahren [1]) als Praktikanten bei den Gerichten und Staatsanwaltschaften zugebracht haben.

Die Vorschriften, welche diese Amtszeit betreffen, sollen ebenfalls in den erwähnten „Bestimmungen" enthalten sein.

§ 59. Wenn der Justizminister der Ansicht ist, dass die Aufführung eines Praktikanten seine Zurückweisung verdient, so kann derselbe jederzeit zurückgewiesen werden.

Die genaueren Vorschriften bezüglich dieser Zurückweisung sollen ebenfalls in den erwähnten „Bestimmungen" enthalten sein.

§ 60. Die Praktikanten, welche wenigstens ein Amtsjahr in Tätigkeit sind, können gewisse richterliche Sachen bei den Bezirksgerichten erledigen [2]), wenn sie hierzu den Auftrag des ihre Arbeiten überwachenden Richters bekommen.

Die Untersuchungs- (yoshin hanji) und beauftragten Richter (jumeï hanji) der Landgerichte können in gleicher Weise die ihnen zugewiesenen Praktikanten zur Erledigung gewisser Angelegenheiten an ihrer Stelle verwenden.

§ 61. Die Praktikanten sind keinesfalls zur Vornahme folgender Amtshandlungen berechtigt:

1. eine materielle Entscheidung im streitigen oder außerstreitigen Verfahren zu treffen;
2. einen Beweis aufzunehmen, mit Ausnahme der im zweiten Absatze des vorigen Paragraphen erwähnten Fälle;
3. die Eintragungen in die Register [3]) vorzunehmen.

§ 62. Ein Praktikant, welcher die zweite Prüfung bestanden hat, kann zum Richter oder Staatsanwalt ernannt werden.

§ 63. Ein neu ernannter Richter oder Staatsanwalt wird, wenn eine Stelle frei ist, einem Bezirks- oder Landgerichte oder der Staatsanwaltschaft eines dieser Gerichte zugewiesen.

Der Justizminister soll bis zur Erledigung einer Stelle anordnen, daß ein Richter oder Staatsanwalt als „überzähliger" (yōbi hanji = überzähliger Richter, yōbi kenji = überzähliger Staatsanwalt) im Justizministerium, bei einem Bezirks- oder Landgerichte oder einer Staatsanwaltschaft dieser Gerichte verwendet werde.

§ 64. Ein überzähliger Richter oder Staatsanwalt, welcher bei einem Bezirks- oder Landgerichte oder einer Staatsanwaltschaft dieser Gerichte verwendet wird, kann, falls ein Richter oder Staatsanwalt an der Ausübung seiner Pflichten verhindert und die gewöhnliche

---

[1]) Im Gerichtsorganisationsgesetze 3 Jahre, gemäß Gesetz No. 10 vom J. 1908 (Meiji 41) nur $1^1/_2$ Jahre; auch andere Gesetze vor 1908 hatten die Zeit dieser Probepraxis bereits verkürzt.

[2]) Weil nur die richterlichen Angelegenheiten ganz dem Gesetze entsprechend erledigt werden müssen, ist hier die Tätigkeit der Rechtspraktikanten bei den Staatsanwaltschaften gar nicht besonders erwähnt.

[3]) Es sind damit die im § 15 [2] und [3] erwähnten Register gemeint.

Art der Vertretung nicht möglich ist, vom Justizminister die Ermächtigung erhalten, diesen Richter oder Staatsanwalt unter Beobachtung der im § 32 bestimmten Einschränkung zu vertreten.

Der Justizminister kann auch einen überzähligen Richter oder Staatsanwalt ermächtigen, in den Grenzen des gegenwärtigen Gesetzes jede zeitweise freie Stelle eines Richters oder Staatsanwaltes bei einem Bezirks- oder Landgerichte oder einer Staatsanwaltschaft dieser Gerichte, solange diese Stelle unbesetzt ist, einzunehmen.

§ 65. Wer durch 3 Jahre oder länger Professor der juristischen Fakultät an einer kaiserlichen Universität[1]) oder Rechtsanwalt gewesen ist, kann zum Richter oder Staatsanwalt ernannt werden, ohne sich den in diesem Kapitel erwähnten Prüfungen unterziehen zu müssen.

Diejenigen, welche die juristische Fakultät einer kaiserlichen Universität absolviert (sozugio)[2]) haben, können ohne Ablegung der ersten Prüfung zu Rechtspraktikanten ernannt werden.

§ 66. Folgende können nicht zu Richtern oder Staatsanwälten ernannt werden:

1. wer ein Verbrechen begangen hat, ausgenommen politische Verbrecher, welche wieder rehabilitiert worden sind;
2. wer ein Vergehen begangen hat, das Zwangsarbeit mit sich bringt;
3. wer für zahlungsunfähig (shindaikagiri) erklärt worden ist und seine Schulden nicht bezahlt hat.

2. Kapitel.

Die Richter (Hanji).

§ 67. Die Ernennung der Richter erfolgt auf Lebenszeit im Range eines Chokunin[3]) oder Sōnin.

§ 68. Der Präsident des Obersten Gerichtshofes wird vom Kaiser aus den Richtern mit dem Range eines Chokunin ernannt[4]). Der Präsident eines jeden Oberlandesgerichtes und die Senatspräsidenten des Obersten Gerichtshofes werden nach Bekanntgabe an den Kaiser vom Justizminister aus Richtern mit dem Range eines Chokunin ernannt. Die Ernennung[4]) der andern Richter erfolgt durch den Justizminister.

§ 69. Niemand kann zum Richter eines Oberlandesgerichtes ernannt werden, der nicht wenigstens fünf Jahre Richter gewesen oder zum Richter ernannt worden ist, nachdem er wenigstens fünf Jahre Staatsanwalt, Professor der juristischen Fakultät an einer kaiserlichen Universität oder Rechtsanwalt gewesen ist.

---

[1]) Nur in Tokio und Kioto; denn in Fukuoka und Sendai sind keine juristischen Fakultäten.

[2]) (sozugio) nach 4 Jahren des Besuches, der absolvierte hat den Titel „hogaku shi", während der Graduierte hogaku hakushi heißt.

[3]) „Ninkan".

[4]) Hosu, eigentlich „zuweisen",

§ 70. Niemand kann zum Richter des Obersten Gerichtshofes ernannt werden, der nicht wenigstens 10 Jahre Richter gewesen oder zum Richter ernannt worden ist, nachdem er wenigstens 10 Jahre Staatanwalt, Professor an der juristischen Fakultät der Kaiserlichen Universitäten oder Rechtsanwalt gewesen ist.

§ 71. Bei Berechnung der in den §§ 69 u. 70 erwähnten Zeiträume ist es nicht notwendig, daß die Dienstzeit ohne Unterbrechung in einer der genannten Lebensstellungen bis zum Zeitpunkte der bezgl. Ernennung zugebracht worden sei.

§ 72. Solange sich die Richter in ihrer Anstellung befinden, haben sie keine Erlaubnis:

1. sich öffentlich mit Politik zu beschäftigen
2. Mitglieder einer politischen Partei zu werden, einer politischen Gesellschaft oder des Vertretungskörpers eines Landes (Fu), einer Provinz (Ken), eines Bezirkes (Gun) oder einer Stadt- oder Landgemeinde (Shi - Stadt, Chō - Marktflecken, Son - Dorf);
3. irgend eine öffentliche Anstellung zu bekleiden, welche mit Bezahlung verbunden ist oder Gelderwerb zum Zwecke hat;
4. irgend einen kaufmännischen oder anderen den Staatsbeamten durch Verwaltungsvorschriften verbotenen Beruf auszuüben.

§ 73. Mit Ausnahme der in den §§ 74 u. 75 erwähnten Fälle kann ein Richter gegen seinen Willen nicht zu einer anderen Amtstätigkeit [1]) berufen oder versetzt oder von seinem Amte zeitweise oder dauernd entfernt werden oder von seinen Gehalte einen Abzug erfahren, es sei denn infolge einer strafrechtlichen Verurteilung oder eines Disziplinarverfahrens gegen ihn; nur ein überzähliger Richter wird von einem Posten auf den andern versetzt; überdies kann ein Richter bei unumgänglicher Notwendigkeit auf einen freigewordenen Posten geschickt werden.

Diese Bestimmung berührt aber nicht die einstweilige Enthebung vom Amte, welche bei Beginn oder während der Dauer eines disziplinaren oder strafrechtlichen Verfahrens gesetzlich gestattet ist.

§ 74. Wenn ein Richter körperlich oder geistig so herabkommt, daß er seine Amtstätigkeit nicht mehr erfüllen kann, so kann er nach einer Entscheidung aller Richter eines Oberlandesgerichtes oder des Obersten Gerichtshofes vom Justizminister den Befehl erhalten, sich vom richterlichen Dienste zurückzuziehen. [2])

§ 75. Bei einer Veränderung in der Organisation eines Gerichtes oder seiner Aufhebung auf Grund eines Gesetzes kann der Justizminister, falls keine freien Stellen da sind, auf welche die so freigewordenen Richter ernannt werden können, dieselben zeitweise auf das halbe Gehalt einschränken, bis wieder eine Stelle frei wird.

---

[1]) Staatsanwaltschaftlichen.

[2]) Taishoku — „sich vom Amte zurückziehen", wobei er gemäß § 77 eine Pension bekommt, wenn er über 15 Jahre gedient hat.

§ 76. Die Vorschriften über Rangordnung, Gehalt und Beförderung der Richter sollen durch Kaiserliche Verordnung bestimmt werden.

§ 77. Wenn die Richter sich vom Amte zurückziehen, sollen sie eine Pension gemäß dem Pensionsgesetze [1]) erhalten.

§ 78. Das Gehalt wird einem Richter immer ausgezahlt, auch wenn er von der Ausübung seiner Amtstätigkeit wegen einer gegen ihn eingeleiteten disziplinaren oder strafrechtlichen Verfolgung enthoben ist.

3. Kapitel.

Die Staatsanwälte (Kenji).

§ 79. Die Ernennung eines Staatsanwaltes erfolgt im Range eines Chokunin oder Sonin.

Die §§ 76 u. 77 sollen auch auf die Staatsanwälte angewendet werden.

Der Generalprokurator beim Obersten Gerichtshofe und die Oberstaatsanwälte bei den Oberlandesgerichten werden nach Bekanntgabe an den Kaiser vom Justizminister aus Staatsanwälten mit dem Range eines Chokunin ernannt. Die anderen Staatsanwälte soll der Justizminister ernennen.

§ 80. Die Staatsanwälte sollen nicht gegen ihren Willen dauernd von ihrem Amte entfernt werden, ausgenommen infolge einer gerichtlichen Verurteilung oder einer disziplinaren Entscheidung.

§ 81. Die Staatsanwälte dürfen sich in keiner Weise in die Tätigkeit eines Richters einmischen und keine richterlichen Angelegenheiten erledigen.

§ 82. Die Staatsanwälte haben den Befehlen ihrer Vorgesetzten zu gehorchen.

§ 83. Der Generalprokurator (beim Obersten Gerichtshofe), die Oberstaatsanwälte (bei den Oberlandesgerichten) und die Ersten Staatsanwälte der Landgerichte besitzen die Berechtigung, persönlich alle Angelegenheiten zu behandeln, welche bei ihrem Gerichte zum sachlichen und örtlichen Wirkungskreise eines Staatsanwaltes gehören.

---

[1]) Das Pensionsgesetz vom 21. Juni 1890, in Kraft getreten am 1. Juli 1890 bestimmt, daß hanin, sonin und chokunin (untere, mittlere und höhere Beamte) nach 15 oder mehr Dienstjahren einen Pensionsanspruch haben, wenn sie

1. 60 Jahre alt sind und ihnen der Rüktritt vom Amte erlaubt wird;
2. wegen Körperverletzung oder Krankheit ihre Amtspflichten nicht mehr erfüllen können und deshalb ihnen der Rücktritt vom Amte erlaubt wird
3. nach Aufhebung eines Amtes, einer Behörde, Veränderung der Geschäftseinrichtung usw. vom Amte zurücktreten.

Die Höhe der Pension wird bestimmt nach dem Gehalte zur Zeit des Rücktritts und den Dienstjahren und zwar nach 15 Jahren $^{60}/_{240}$ dieses Gehaltes, jährlich um $^{1}/_{240}$ mehr bis zu einer 40 jährigen Dienstzeit, so dafs $^{85}/_{240}$ des Gehaltes zur Zeit des Rücktritts die höchste Pensionssumme ist!

Sie sollen innerhalb derselben Grenzen die Befugnis haben, jede Angelegenheit eines Staatsanwaltes einem andern zu übertragen.

§ 84. Die Beamten der Gerichtspolizei sollen den Befehlen gehorchen, welche ihnen von den Staatsanwälten innerhalb ihres sachlichen und örtlichen Wirkungskreises gegeben werden, sowie den Befehlen der Vorgesetzten dieser Staatsanwälte.

Das Justizministerium oder die Staatsanwaltschaften einerseits und das Ministerium des Innern oder die provinzialen Verwaltungsbehörden andererseits sollen in gemeinsamer Übereinstimmung jene Polizeibeamte auswählen, welche im Sprengel eines jeden Gerichtes als Gerichtspolizeibeamte in Tätigkeit zu treten und die obenerwähnten Befehle entgegen zu nehmen und auszuführen haben.

4. Kapitel.

Die Gerichtsschreiber (Saibansho shoki).

§ 85. Die Gerichte sollen in Übereinstimmung mit § 8 mit einer genügenden Anzahl von Schreibern (Shoki) versehen werden.

Jeder Richter eines Bezirksgerichtes und jede Kammer (bzw. jeder Senat) eines Kollegialgerichtes soll wenigstens einen Schreiber haben.

§ 86. In der Kanzlei eines jeden Landgerichtes ist ein Kanzleivorstand (Kantoku shoki).

In der Gerichtskanzlei eines Oberlandesgerichtes und des Obersten Gerichtshofes ist ein Kanzleidirektor (Shokicho).

Wenn es in der Kanzlei eines Bezirksgerichtes und bei einer Staatsanwaltschaft mehr als einen Schreiber gibt, so soll einer von ihnen der Vorstand der Kanzlei sein.

Die Kanzleivorstände und Direktoren sollen nach den Befehlen ihrer Vorgesetzten die Angelegenheiten der betreffenden Ämter leiten und überwachen.

§ 87. Keine Angelegenheit, welche von einem Schreiber in den Grenzen seiner Amtsbefugnisse erledigt worden ist, soll nur deshalb ungültig sein, weil sie etwa nach der vorausgetroffenen Verteilung der Amtsgeschäfte von einem andern Schreiber hätte erledigt werden sollen.

§ 88. Der Justizminister ernennt die Gerichtsschreiber und weist sie den einzelnen Ämtern zu.

Die Kanzleidirektoren stehen im Range eines Sonin.

Der Justizminister weist die Kanzleidirektoren den einzelnen Ämtern zu.

§ 89. Um Gerichtsschreiber zu werden, muß man eine Prüfung in Befolgung der durch kaiserliche Verordnung bestimmten Regeln machen.

Die für die Prüfungskandidaten notwendigen Eigenschaften sowie alle genaueren Bestimmungen bezüglich dieser Prüfung und der Probezeit, welche man sodann in Tätigkeit sein muß, sollen vom Justizminister in den „Bestimmungen für die Prüfung der Gerichtsschreiber" festgesetzt werden.

§ 90. Ein Kandidat, welcher als Gerichtsschreiber ernannt worden ist, soll, falls keine Stelle frei ist, als überzähliger Schreiber (yobi-shoki) angestellt werden.

Ein solcher kann den Befehl erhalten, zeitweise als Schreiber in Tätigkeit zu treten.

§ 91. Die Gerichtsschreiber haben den Befehlen ihrer Vorgesetzten zu gehorchen.

Bei den Sitzungen der Gerichte sollen sie den Anordnungen des Vorsitzenden oder, falls nur ein Richter ist, den Anordnungen dieses Richters Folge leisten.

Ebenso sollen sie, wenn sie bei einer Staatsanwaltschaft angestellt, oder einem Richter oder Staatsanwalte für eine besondere Angelegenheit beigegeben sind, den Anordnungen dieser betreffenden — Richter oder Staatsanwalte — Folge leisten.

Wenn die obenerwähnten Befehle die schriftliche Aufnahme einer mündlichen Erklärung, die Abfassung von Schriftstücken oder Veränderung von solchen zum Inhalte haben und diese Tätigkeiten nach der Meinung des Gerichtsschreibers nicht richtig vorgenommen sind, so kann der Gerichtsschreiber eine Bemerkung beifügen, in welcher er seine Ansicht zum Ausdruck bringt.

Die Amtstätigkeit eines Gerichtsschreibers und die Art der Erledigung seiner Amtstätigkeit sollen, soweit sie in den obigen vier Absätzen nicht erwähnt sind, vom Justizminister in den bezüglichen „Bestimmungen für die Gerichtsschreiber" geregelt werden.

§ 92. Der Präsident eines Kollegialgerichtes, der Richter oder Gerichtsvorstand eines Bezirksgerichtes können einen Praktikanten während seiner Probepraxis bei einem solchen Gerichte vorübergehend die Tätigkeit eines Gerichtsschreibers vornehmen lassen.

Wenn in einem solchen Falle dieser Praktikant seinen Namen amtlich zu zeichnen hat, so soll er gleichzeitig bemerken, daß er es gemäß einer besonderen Ermächtigung tut.

§ 93. Zur Erledigung der Amtsgeschäfte sollen die überzähligen Gerichtsschreiber in gleicher Art wie die Gerichtsschreiber befugt sein, jedoch mit den Beschränkungen, welche in den „Bestimmungen für die Gerichtsschreiber" enthalten sind.

5. Kapitel.

Die Gerichtsvollzieher (Shitatsuri).

§ 94. Die Bezirksgerichte sollen in Übereinstimmung mit § 9 mit einer genügenden Anzahl von Gerichtsvollziehern versehen werden.

§ 95. Die Gerichtsvollzieher werden vom Justizminister ernannt und angestellt. Derselbe kann dem Präsidenten eines Oberlandesgerichtes die Befugnis übertragen, die Gerichtsvollzieher zu ernennen und anzustellen, welche bei den Gerichten seines Oberlandesgerichtssprengels verwendet werden sollen.

Die Vorschriften über die zur Ernennung zum Gerichtsvollzieher notwendigen Eigenschaften und Prüfungen werden vom Justizminister erlassen.

§ 96. Die Gerichtsvollzieher erhalten Gebühren (für jede ihrer Amtstätigkeiten). Wenn diese Gebühren eine bestimmte Summe nicht erreichen, so wird ihnen der Unterschied ausbezahlt.

§ 97. Die Gerichtsvollzieher sollen ihre Amtstätigkeit an jedem Orte im Sprengel des ganzen Landgerichtes ausüben, zu welchem das Bezirksgericht gehört, bei dem sie angestellt sind.

§ 98. Die von den Gerichten ausgehenden Urkunden sollen von den Gerichtsvollziehern zugestellt werden, soweit nicht das Gesetz die unmittelbare Zustellung durch einen Gerichtsschreiber oder im Wege der Post gestattet.

Strafrechtliche Entscheidungen sollen durch die Gerichtsvollzieher vollstreckt werden, soweit dies nicht durch Polizeibeamte zu geschehen hat.

Der Wirkungskreis der Gerichtsvollzieher soll, soweit er in den beiden obigen Absätzen nicht geregelt ist, durch die Prozeßordnungen oder ein besonderes Gesetz bestimmt werden.

§ 99. Die Gerichtsvollzieher müssen zur Sicherung der ordnungsmäßigen Ausübung ihrer Amtstätigkeit eine Bürgschaft leisten.

Die genaueren Bestimmungen über die Amtstätigkeit der Gerichtsvollzieher, sowie die über die erwähnte Bürgschaftsleistung sollen vom Justizminister festgesetzt werden.

§ 100. Die Gerichtsvollzieher haben den Befehlen des Gerichtsschreibers jenes Gerichtes[1]), zu dem sie gehören, zu folgen in Ausführung der Befehle der Vorgesetzten dieses Gerichtsschreibers, ebenso den Befehlen des Schreibers des Landgerichtes, welches dem betreffenden Bezirksgerichte übergeordnet ist, in Ausführung der Befehle des Vorgesetzten dieses Gerichtes[2]), sie sollen auch die direkten Befehle dieser Vorgesetzten[3]) befolgen.

6. Kapitel.

Die Gerichtsdiener (Teïteï).

§ 101. Die Gerichtsdiener sollen (vertragsmäßig) angestellt und entlassen werden beim Obersten Gerichtshofe, den Oberlandes- und Land-Gerichten durch die Präsidenten dieser Gerichte und bei den Bezirksgerichten durch den Präsidenten des Landgerichtes.

§ 102. Die Gerichtsdiener müssen bei den Sitzungen der Gerichte gegenwärtig sein und jene Tätigkeiten verrichten, welche in den „Allgemeinen Bestimmungen“ durch den Justizminister festgesetzt werden.

Sie können, falls ein Gerichtsvollzieher nicht zur Verfügung steht, vom Bezirksgerichte dazu verwendet werden, die Urkunden dieses Gerichtes am Sitze desselben zuzustellen.

---

[1]) Immer Bezirksgericht. [2]) D. i. der Präsident des Landgerichtes.
[3]) Bezirksrichter oder Präsident des Landgerichtes.

3. Teil.

Erledigung der gerichtlichen Angelegenheiten.

(Shihojimu no toriatsukai).

1. Kapitel.

Sitzungen der Gerichte (Kaiteï).

§ 103. Die Sitzungen finden bei den Gerichten oder ihren Filialkammern statt.

Ein Bezirksgericht kann, wenn es dem Justizminister durch die Umstände erforderlich zu sein scheint, von diesem den Befehl erhalten, seine Amtstätigkeit an andern bestimmten Orten innerhalb seines Amtssprengels auszuüben.

§ 104. Vorsitz und Leitung der Sitzungen kommt bei den Kollegialgerichten dem Vorsitzenden und bei den Bezirksgerichten dem Einzelrichter zu, der die Sitzung abhält. Die Befugnisse, welcher ein Vorsitzender hat, werden auch einem Einzelrichter bei seinen gerichtlichen Amtshandlungen eingeräumt.

§ 105. Falls ein Gericht die Öffentlichkeit auszuschließen entscheidet, so soll diese Entscheidung und die Begründung dafür verkündet werden, bevor das Publikum aus dem Sitzungssaale entfernt worden ist; doch soll das Publikum in diesem Falle bei der Urteilsverkündigung wieder eintreten dürfen.

§ 106. Der Vorsitzende hat das Recht, trotz Ausschlusses der Öffentlichkeit jene Personen zuzulassen, von denen es ihm richtig erscheint, ihnen eine besondere Erlaubnis hierzu zu geben.

§ 107. Der Vorsitzende kann von der Sitzung Frauen, Kinder und nicht anständig gekleidete Personen ausschließen. Die Gründe dieser Ausschließung sollen in den Prozeßakten angeführt werden.

§ 108. Die Aufrechterhaltung der Ordnung während der Gerichtssitzungen steht dem Vorsitzenden zu. (Sitzungspolizei).

§ 109. Der Vorsitzende hat das Recht, jedermann, der die Verhandlungen gestört oder sich ungebührlich benommen hat, von der Sitzung auszuschließen.

Wenn der Vorsitzende es nach dem Benehmen des Störenden für notwendig hält, so kann er denselben abführen und bis zum Ende der Sitzung festhalten lassen; das Gericht kann sodann die Freilassung desselben anordnen oder ihn mit einer Strafe belegen, welche 5 Yen oder 5 Tage Haft nicht übersteigt.

Gegen diese Bestrafung gibt es keine Berufung, sondern nur Revision [1]) und wird durch dieselbe auch eine strafrechtliche Verfolgung für diese Tat, falls sie ein Verbrechen oder ein Vergehen darstellt, nicht ausgeschlossen.

---

[1]) Das Tatsächliche wird nicht untersucht, nur die Rechtsfrage.

§ 110. Die Vorschriften des vorangegangenen § sind auch auf Parteien, Zeugen und Sachverständige mit folgenden Veränderungen anwendbar:

1. das Gericht kann einen solchen Störer, ohne das Ende der Sitzung abzuwarten, sofort bestrafen;
2. wenn der Störende Kläger ist, so kann das Gericht nach Bestrafung desselben die Verhandlungen aufschieben, bis er sich wegen seiner Beleidigung mit respektvoll ergebenen Worten entschuldigt hat.

§ 111. Der Vorsitzende kann einem Rechtsanwalte, welcher sich vor Gericht ungebührlich geäußert hat, seine weiteren Äußerungen in der gleichen Sache vor Gericht verbieten, was nicht hindert, daß für ein solches Benehmen außerdem eine disziplinare Verfolgung eintreten kann.

§ 112. Die Befugnisse, welche in den §§ 109, 110 und 111 zur Aufrechterhaltung der Ordnung während der Sitzungen dem Vorsitzenden eingeräumt sind, können auch von einem Untersuchungs- oder beauftragten Richter ausgeübt werden oder von einem Praktikanten, welcher gesetzlich die Tätigkeit eines solchen Richters ausübt.

In diesem Falle kann bei einem solchen Richter oder Praktikanten innerhalb 24 Stunden eine Einrede erhoben werden.

Über diese Einrede wird, wenn die Verfügung von einem Untersuchungsrichter oder einem von diesem beauftragten Praktikanten ergangen ist, durch die Straf- oder Filialstrafkammer des Gerichtes, zu welchem dieser Richter gehört, und wenn die Verfügung durch einen beauftragten Richter odir einen von ihm beauftragten Praktikanten ergangen ist, von dem Gerichte, welches diesen Richter beauftragt hat, entschieden.

§ 113. Wenn die in den §§ 109, 110, 111 und 112 erwähnten Befugnisse ausgeübt worden sind, so soll davon in den Prozeßakten Erwähnung geschehen, ebenso von den Ursachen, welche diese Maßnahmen erforderlich gemacht haben.

Wenn in einem solchen Falle die Tat ein Verbrechen oder ein Vergehen darstellt oder im Disziplinarwege bestraft werden muss, so soll dieselbe genau dargestellt und überdies vom Vorsitzenden ein Bericht an die zur Verfolgung der Angelegenheit zuständigen Behörden gemacht werden.

§ 114. Richter, Staatsanwälte und Gerichtsschreiber sollen bei den Sitzungen ihre Amtskleidung tragen.

Die Rechtsanwälte, welche an den Verhandlungen bei diesen Sitzungen teilnehmen, sollen ebenfalls ihre Amtskleidung tragen

2. Kapitel.

Gerichtssprache (Saibansho no yogo).

§ 115. Bei den Gerichten soll Japanisch angewendet werden.

Wenn eine Partei, ein Zeuge oder Sachverständiger nicht Japanisch können, so soll in den Fällen, in denen es von den Prozeßordnungen oder einem besonderen Gesetze erfordert wird, ein Dolmetsch verwendet werden.

§ 116. Die Bestimmungen bezüglich der Ernennung und Verwendung der Dolmetsche, sowie ihrer Tätigkeit bei den Prozeß handlungen werden vom Justizminister festgesetzt.

§ 117. Wenn man keinen Dolmetsch erhalten kann, so kann ein Gerichtsschreiber mit Zustimmung des Vorsitzenden, falls er die in Frage kommende Sprache beherrscht, als Dolmetsch verwendet werden.

§ 118. Wenn ein Ausländer als Partei am Prozesse teilnimmt und die dabei beteiligten Beamten die fremde Sprache beherrschen und der Vorsitzende es für vorteilhaft hält, so kann die Verhandlung in dieser fremden Sprache geführt werden. Jedoch sind die öffentlichen Prozeßakten immer Japanisch zu führen.

3. Kapitel.

Beratung und Verkündigung der gerichtlichen Entscheidungen.

(Saiban no fiyogi oyobi yuiwatashi).

§ 119. Die Entscheidungen der Kollegialgerichte werden von der in diesem Gesetze bestimmten Anzahl von Richtern beraten und verkündet.

§ 120. Bei einer strafrechtlichen Verhandlung, welche mehr als 4 Tage dauern dürfte, kann der Gerichtspräsident einen Ersatzrichter (Hojiu) bestimmen, der dieser Verhandlung beizuwohnen hat.

Falls ein Richter durch Krankheit oder eine andere Ursache verhindert ist, dieser Verhandlung beizuwohnen, so hat der Ersatzrichter an seine Stelle zu treten, um an Stelle des ursprünglichen Richters die Sache weiter zu verhandeln und die Entscheidung zu fällen.

§ 121. Die Beratungen der Richter sind nicht öffentlich; doch können die überzähligen Richter und Praktikanten zuhören.

Die Beratungen der Richter werden von dem Richter, welcher in der Sitzung der Vorsitzende gewesen ist, eröffnet und geleitet. Ueber das Ergebnis dieser Beratungen, die Meinung eines jeden Richters und die Stimmenzahl, welche die Mehrheit und die Minderheit gebildet hat, ist das Amtsgeheimnis strenge zu wahren.

§ 122. Bei den Beratungen sollen die Richter ihre Meinung nacheinander abgeben, indem der Rangjüngste beginnt und der Vorsitzende der letzte ist. Wenn zwei oder mehrere Richter den gleichen Rang haben, so soll der dem Lebensalter nach jüngere zuerst seine Meinung äußern. Handelt es sich um eine Angelegenheit, welche von einem beauftragten Richter zu erledigen war, so wird dieser zuerst seine Meinung äußern.

§ 123. Die Entscheidung wird nach absoluter Stimmenmehrheit gefällt.

Wenn bei der Bestimmung eines Geldbetrages die Ansichten der Richter in mehr als 2 verschiedenen Meinungen auseinandergehen und keine derselben die absolute Mehrheit für sich hat, so werden die für die größte Summe abgegebenen Stimmen den für die nächst geringere Summe abgegebenen so lange hinzugerechnet, bis sich eine absolute Mehrheit ergibt [1].

Wenn in einer Strafsache die Ansichten der Richter in mehr als 2 verschiedenen Meinungen auseinandergehen und keine derselben die (absolute) Mehrheit für sich hat, so werden die dem Angeklagten ungünstigsten Stimmen den nächst günstigeren so lange hinzugerechnet, bis sich eine (absolute) Mehrheit ergibt.

§ 124. Kein Richter darf sich weigern, seine Meinung über eine Frage, welche entschieden werden soll, abzugeben.

4. Kapitel.

Bestimmungen über die Amtstätigkeit bei den Gerichten und Staatsanwaltschaften. (Geschäftsordnung).

(Saibansho oyobi kenjikioku no jimushotëï).

§ 125. Die allgemeinen Bestimmungen für die Gerichte und Staatsanwaltschaften sollen vom Justizminister erlassen werden.

Die Präsidenten der Oberlandesgerichte und die betreffenden Oberstaatsanwälte sollen zur Durchführung der oberwähnten Bestimmungen für die Gerichte und Staatsanwaltschaften ihres Bezirkes zur allgemeinen und soweit als möglich gleichartigen Erledigung der Amtsgeschäfte Vorschriften erlassen und bezgl. der Amtsstunden bei den Gerichten und Staatsanwaltschaften, sowie der Stunden und Tage der Gerichtssitzungen genauere Bestimmungen treffen.

Der Oberste Gerichtshof soll seine Geschäftsordnung selbst fest setzen; bevor er sie aber anwendet, soll er sie zur Genehmigung dem Justizminister vorlegen.

5. Kapitel.

Gerichtsjahr und Ferien. (Shihonendo oyobi kiyūka).

§ 126. Das Gerichtsjahr (Geschäftsjahr) beginnt am 1. Januar und endet am 31. Dezember.

§§ 127—130, die Ferien betreffend, sind aufgehoben durch das Gesetz Nr. 71 vom 6. April 1911 (Meïji 44). Von nun an gibt es keine Gerichtsferien mehr, auch keine Feriensachen, doch wird durch Kaiserliches Dekret alljährlich den Richtern nach Möglichkeit ein Urlaub zwischen dem 11. Juli und dem 10. September erteilt, gewöhnlich in der Dauer eines Monats.

---

[1] z. B. bei 5 Stimmen: A: 10, B: 9, C: 4, D: 3, E: 2 = 4
„ 10, „ 10, „ 8, „ 2, „ 1 = 8

6. Kapitel.

Rechtshilfe (Horitsujo no kiōjo).

§ 131. Die Gerichte haben sich gegenseitig Rechtshilfe zu leisten, wie es durch die Prozeßordnungen oder ein besonderes Gesetz vorgesehen ist.

Soweit es nicht anders gesetzlich bestimmt ist, wird diese Rechtshilfe durch das Bezirksgericht geleistet, in dessen Sprengel die betreffende Amtshandlung vorgenommen werden soll.

§ 132. Die Staatsanwaltschaften sollen sich ebenfalls bei Erledigung ihrer Amtsgeschäfte, soweit sie in ihrem Bezirke darum ersucht werden, gegenseitig Rechtshilfe zu leisten.

§ 133. Auch die Gerichtskanzleien sollen sich Rechtshilfe leisten bei der Erledigung ihrer Amtsgeschäfte sowie jener, welche von den ihnen unterstehenden Gerichtsvollziehern zu erledigen sind.

4. Teil.

Justizverwaltung und Aufsichtsbefugnis.

(Shihogiosēi no shokumu oyobi kantokuken).

§ 134. Der Justizminister wird seine gerichtliche Verwaltungstätigkeit durch die Präsidenten der Kollegialgerichte, die Richter und Vorstände der Bezirksgerichte sowie den Generalprokurator, die Oberstaatsanwälte und die Ersten Staatsanwälte ausüben.

§ 135. Die Ausübung der Aufsichtsbefugnis soll nach folgenden Bestimmungen stattfinden:

1. Der Justizminister soll die Aufsicht über alle Gerichte und Staatsanwaltschaften haben;
2. der Präsident des Obersten Gerichtshofes die Aufsicht über diesen Gerichtshof;
3. die Präsidenten der Oberlandesgerichte die Aufsicht über ihren Gerichtshof und über alle im Sprengel desselben befindlichen untergeordneten Gerichte;
4. die Präsidenten der Landgerichte die Aufsicht über ihr Gericht sowie die Filialkammern und alle im Sprengel ihres Gerichtes befindlichen Bezirksgerichte;
5. die Einzelrichter oder Gerichtsvorsitzende der Bezirksgerichte die Aufsicht über die Gerichtsschreiber und Gerichtsvollzieher ihres Gerichtes;
6. der Generalprokurator beim Obersten Gerichtshofe die Aufsicht über die Staatsanwaltschaft dortselbst sowie über alle untergeordnete Staatsanwaltschaften;
7. die Oberstaatsanwälte der Oberlandesgerichte die Aufsicht über die Staatsanwaltschaft dortselbst, sowie über alle Staatsanwaltschaften im Sprengel ihres Gerichtes;
8. die Ersten Staatsanwälte der Landgerichte sollen die Aufsicht über die Staatsanwaltschaft dortselbst und über alle Staatsanwaltschaften im Sprengel ihres Landgerichtes haben.

§ 136. Die im vorigen Paragraphen erwähnte Aufsichtsbefugnis hat folgenden Inhalt:

1. das Recht, die Aufmerksamkeit der Beamten auf jede Amtstätigkeit zu ziehen, welche unregelmäßig oder ungenügend erledigt worden ist, sowie diesen Beamten zu einer ordnungsgemäßen Behandlung Anweisungen zu erteilen;
2. das Recht, die Beamten bzgl ihrer ganzen dienstlichen und außerdienstlichen Aufführung, soweit dieselbe nicht zu ihrer Stellung paßt, zu ermahnen; bevor aber ein Beamter eine solche Ermahnung erhält, muß er zu einer erklärenden Äußerung aufgefordert werden.

§ 137. Die in den §§ 18 und 84 erwähnten Beamten sind unter denjenigen inbegriffen, über welche sich die Aufsicht gemäß § 135 erstreckt.

§ 138. Wenn § 136 gegen einen Beamten der Gerichte oder Staatsanwaltschaften nicht angewendet werden kann, welcher es an der ordnungsgemäßen Erfüllung seiner Pflichten mangeln läßt oder dessen Betragen seiner Stellung nicht entspricht, so soll derselbe nach den Disziplinarvorschriften verfolgt werden.

§ 139. Die in den vorangegangenen §§ erwähnte Justizverwaltung und Aufsichtsbefugnis dürfen nicht gegen einen Richter oder Staatsanwalt ausgeübt werden zur Eintreibung einer Forderung, welche von einer Tat herrührt, die dieselben in ihrer amtlichen oder einer andern Eigenschaft begangen haben.

§ 140. Die Beschwerden gegen die Art, in welcher eine gerichtliche Angelegenheit behandelt worden ist, besonders gegen (die Behandlungsweise) den Verzug in einer solchen Behandlung oder die Verweigerung derselben werden ebenso entschieden wie die Tätigkeiten der Justizverwaltung und die Aufsichtsbefugnis, die in diesem 4. Teile erwähnt worden sind.

§ 141. Wenn Gerichte oder Staatsanwaltschaften von dem Justizminister oder einem Richter oder Staatsanwalte, der über sie die Aufsichtsbefugnis hat, darum ersucht werden, so sollen sie über jede gesetzliche oder Justizverwaltungsfrage ihre Meinung äußern.

§ 142. Bei der Zivilklage gegen eine Justizbehörde [1]) soll der Staatsanwalt des Gerichtes, vor welchem diese Klage verhandelt wird, die erwähnte Behörde vertreten.

§ 143. Die Vorschriften aller in diesem (4.) Teile enthaltenen §§ sollen die Befugnisse der Richter in Ausübung ihrer richterlichen Tätigkeit nicht beeinflussen oder beschränken.

Schlussbestimmungen (Fusoku).

§ 144. Die Vorschriften für die Einführung dieses Gesetzes werden in einem besonderen Gesetze geregelt. Es soll gleichzeitig bestimmt werden, welche von den bestehenden Gesetzen, im Widerspruche mit dem gegenwärtigen, vorübergehend in Kraft bleiben müssen.

---

[1]) Sowohl Gericht als auch Staatsanwaltschaft, kommt tatsächlich kaum vor.

Die Strafprozeſsordnung für Japan.

Publiziert am 7. Oktober 1890,
Gesetz Nr. 96 mit Gesetzeskraft vom 1. November 1890.

Die Strafprozeſsordnung.

Kējisoshohō.

Inhaltsübersicht.

Strafprozeſsordnung.

1. Buch.

Allgemeine Bestimmungen

(Sōsoku § 1—24).

§ 1. Die öffentliche Anklage (Kōso), welche den Beweis der Delikte und die Anwendung der Strafen zur Aufgabe hat, wird durch Staatsanwälte, nach Verschiedenheit des Gesetzes, ausgeübt.

§ 2. Die Privatanklage (shisō)[1], welche die Gutmachung des Schadens bezweckt, der durch das Delikt verursacht wurde oder zum Zwecke der Rückstellung der durch das Delikt (unrechtmäßig) erlangten Gegenstände erhoben wird, steht allen jenen zu, welche nach dem Bürgerlichen Gesetzbuche als Verletzte zu betrachten sind.

§ 3. Die öffentliche Anklage ist nicht durch den Strafantrag der verletzten Partei bedingt, noch erlischt sie durch den Verzicht auf den Strafantrag oder auf die Privatanklage (des § 2) mit Ausnahme der im Gesetze bestimmten Fälle[2].

---

[1]) Die Privatanklage (zum Unterschiede von der Privatklage des § 414 u. flg. deutsches StGB.) wird vom Privatbeteiligten erhoben zur Verfolgung privatrechtlicher Ansprüche, bei einem Strafprozeſs.

[2]) Solche Ausnahmen sind:

§ 90. Wer gegen einen im Reichsgebiete weilenden Souverän oder Präsidenten eines fremden Staates eine Tätlichkeit oder Drohung begeht, wird mit Zuchthaus von einem bis zu zehn Jahren bestraft.

Wer gegen einen im Reichsgebiete weilenden Souverän oder Präsidenten eines fremden Staates eine Beleidigung begeht, wird mit Zuchthaus bis zu drei Jahren bestraft, doch findet die Verfolgung nur auf Antrag der fremden Regierung staat.

§ 92. Wer in der Absicht, einen fremden Staat zu beleidigen, die Flagge oder ein sonstiges Hoheitszeichen dieses Staates zerstört, beschädigt, fortnimmt oder beschmutzt, wird mit Zuchthaus bis zu zwei Jahren oder mit Geldstrafe bis zu zweihundert Yen bestraft; doch findet die Verfolgung nur auf Antrag der fremden Regierung statt.

§ 133. Wer unbefugt ein verschlossenes Schriftstück öffnet, wird mit Zuchthaus bis zu einem Jahre oder mit Geldstrafe bis zu zweihundert Yen bestraft.

§ 134. Ärzte, Apotheker, Drogisten, Hebammen, Rechtsanwälte, Verteidiger Notare, sowie diejenigen Personen, die eine solche Tätigkeit ausgeübt haben werden, wenn sie unbefugt ein fremdes Geheimnis, welches ihnen bei ihrer

Tätigkeit anvertraut oder zu ihrer Kenntnis gelangt ist, offenbaren, mit Zuchthaus bis zu sechs Monaten oder mit Geldstrafe bis zu einhundert Yen bestraft.

Das Gleiche gilt für diejenigen Personen, die einen geistlichen Beruf ausüben oder ausgeübt haben, wenn sie unbefugt ein fremdes Geheimnis, welches ihnen bei ihrer Tätigkeit anvertraut oder zu ihrer Kenntnis gelangt ist, offenbaren.

§ 177 Wer unter Anwendung von Gewalt oder Drohung mit einer Frauensperson, welche das dreizehnte Lebensjahr vollendet hat, den Beischlaf ausübt, wird wegen Notzucht mit zeitigem Zuchthaus nicht unter zwei Jahren bestraft.

Der gleichen Strafe unterliegt, wer mit einer Frauensperson unter dreizehn Jahren den Beischlaf ausübt.

§ 178. Wer an einer Person, die sich im Zustande der Sinnesstörung oder der Unmöglichkeit, Widerstand zu leisten, befindet, eine unsittliche Handlung vornimmt oder mit einer solchen Person den Beischlaf ausübt, oder wer ein solches Verbrechen begeht, nachdem er sie in den Zustand der Sinnesstörung oder der Unmöglichkeit, Widerstand zu leisten, versetzt hat, unterliegt den Bestimmungen der §§ 176 und 177.

§ 179. Der Versuch der in den §§ 176—178 erwähnten Verbrechen ist strafbar.

§ 180. Die Verfolgung der in den §§ 176—178 erwähnten Verbrechen tritt nur auf Antrag ein.

§ 183. Eine Ehefrau, welche einen Ehebruch begeht, wird mit Zuchthaus bis zu zwei Jahren bestraft.

Das Gleiche gilt für denjenigen, der mit ihr die Ehe bricht.

Die Verfolgung des im obigen Absatze erwähnten Verbrechens tritt nur auf Antrag des Ehemanns ein; jedoch ist der Antrag wirkungslos, wenn der Ehemann mit dem Ehebruch einverstanden war.

§ 208. Wer eine Gewalttätigkeit begeht, ohne daſs dadurch die Körperverletzung oder Gesundheitsbeschädigung eines Andern verursacht wird, wird mit Zuchthaus bis zu einem Jahre oder mit Geldstrafe bis zu fünfzig Yen oder mit Haft oder mit Geldbuſse bestraft.

Die Verfolgung des in diesem Paragraphen erwähnten Verbrechens tritt nur auf Antrag ein.

§ 209. Wer durch Fahrlässigkeit einen Andern körperlich verletzt oder an seiner Gesundheit beschädigt, wird mit Geldstrafe bis zu fünfhundert Yen oder mit Geldbuſse bestraft.

Die Verfolgung des in diesem Paragraphen erwähnten Verbrechens trit nur auf Antrag ein.

§ 229. Die Verfolgung der in diesem Abschnitt erwähnten Verbrechen, sofern sie nicht aus Gewinnsucht begangen sind, tritt nur auf Antrag ein; ausgenommen sind das Verbrechen des § 226, das Verbrechen des § 227 Abs. 1, wenn es zum Zwecke der Beihilfe zum Verbrechen des § 226 begangen ist, sowie der Versuch der genannten beiden Verbrechen. Falls der Täter mit dem Entführten die Ehe eingegangen hat, ist der Antrag erst zulässig, wenn das die Ehe für nichtig erklärende oder aufhebende Urteil rechtskräftig geworden ist.

§ 230. Wer durch öffentliche Äuſserung einer Tatsache die Ehre eines Andern verletzt, wird, ohne Rücksicht auf Wahrheit oder Unwahrheit der geäuſserten Tatsache, mit Zuchthaus oder Gefängnis bis zu einem Jahre oder mit Geldstrafe bis zu fünfhundert Yen bestraft.

Wer das Andenken eines Verstorbenen verletzt, wird nur bestraft, wenn die Auſserung verleumderisch ist.

§ 231. Wer ohne Äuſserung einer Tatsache einen Andern öffentlich beleidigt, wird mit Haft oder Geldbuſse bestraft.

§ 232. Verfolgung der in diesem Abschnitt erwähnten Verbrechen tritt nur auf Antrag ein.

§ 91. Wer gegen einen nach dem Reiche geschickten ausländischen Gesandten eine Tätlichkeit oder Drohung begeht, wird mit Zuchthaus bis zu drei Jahren bestraft.

§ 4. Die Privatanklage, in welcher Höhe sie auch sei, kann so lange zur öffentlichen Klage treten, bis die 2. Instanz über diese öffentliche Klage ein Urteil gefällt hat.

Eine dritte Person kann zur Privatanklage, welche im Zusammenhange mit einer öffentlichen Klage ist, gemäß den Bestimmungen der Zivilprozeßordnung hinzutreten.

§ 5. Dadurch, daß jemand frei vom Prozesse [1]) oder freigesprochen wird, ist die Geltendmachung des Anspruches auf Schadenersatz oder Rückstellung durch den Verletzten nach dem Bürgerlichen Gesetzbuche noch immer möglich.

§ 6. Das Recht zur öffentlichen Klage erlischt:

1. durch den Tod des Beschuldigten [2]);
2. Bei den (in Anmerkung zu § 3 aufgezählten) Antragsdelikten durch Verzicht auf den Strafantrag;
3. durch ein rechtskräftiges Urteil;
4. durch Aufhebung der Strafe infolge eines nach der Tat publizierten Gesetzes;
5. durch Begnadigung;
6. durch Verjährung.

§ 7. Das Recht zur Privatanklage (des § 2) erlischt:

1. durch Verzicht oder Vergleich;
2. durch ein rechtskräftiges Urteil;
3. durch Verjährung.

§ 8. Verändert durch § 38 des Einführungsgesetzes zum StGB (Gesetz Nr. 29 in Wirksamkeit vom 1. Oktober 1908) wie folgt:

1. die mit Todesstrafe bedrohten Delikte verjähren in 15 Jahren;

Wer gegen einen nach dem Reiche geschickten ausländischen Gesandten eine Beleidigung begeht, wird mit Zuchthaus bis zu zwei Jahren bestraft; doch findet die Verfolgung nur auf Antrag des Verletzten statt.

§ 244. Wenn das Verbrechen des § 235 oder dessen Versuch gegen Verwandte gerader Linie, Ehegatten, zusammenlebende Verwandte oder Hausgenossen begangen wird, so bleibt es sträflos; bei andern Verwandten oder Hausgenossen tritt die Verfolgung nur auf Antrag ein.

Die Bestimmung des obigen Absatzes findet keine Anwendung auf denjenigen Teilnehmer, der weder Verwandter noch Hausgenosse des Täters ist.

§ 251. Auf die in diesem Abschnitte erwähnten Verbrechen finden die Bestimmungen der §§ 242, 244 und 245 entsprechende Anwendung.

§ 255. Auf die in diesem Abschnitte erwähnten Verbrechen finden die Bestimmungen des § 244 entsprechende Anwendung.

§ 259. Wer eine auf ein Recht oder eine Verpflichtung sich beziehende Urkunde eines Andern beschädigt oder vernichtet, wird mit Zuchthaus bis zu fünf Jahren bestraft.

§ 261. Wer eine andere als die in den obigen drei Paragraphen bezeichnete Sache beschädigt oder zerstört, wird mit Zuchthaus bis zu drei Jahren oder mit Geldstrafe bis zu fünfhundert Yen oder mit Geldbufse bestraft.

§ 263. Wer einen fremden Brief unterdrückt, wird mit Zuchthaus oder Gefängnis bis zu sechs Monaten oder mit Geldstrafe bis zu fünfzig Yen oder mit Geldbufse bestraft.

[1]) Siehe §§ 165 und 224. — „menso" = men — frei, so = Klage.

[2]) Hikokunin = „Beschuldigter" sowie „Angeschuldigter" und „Angeklagter" im Sinne des § 155 deutscher StPO.

2. die mit lebenlangem oder über 10 Jahre zeitlichem Zuchthaus oder Gefängnis bedrohten Delikte verjähren in 10 Jahren;
3. die mit 5 bis 10 Jahren Zuchthaus oder Gefängnis bedrohten Delikte verjähren in 7 Jahren;
4. die mit weniger als 5 Jahren Zuchthaus oder Geldstrafe bedrohten Delikte verjähren in 3 Jahren;
5. die Delikte des § 185 StGB. (einfaches Glücksspiel) bedrohten Delikte verjähren in 1 Jahre;
6. die mit Haft oder Geldbuße bedrohten Delikte verjähren in 6 Monaten.

§ 9. Die Privatanklage (des § 2) verjährt in derselben Frist wie die öffentliche, auch wenn der Verletzte handlungsunfähig ist und sie selbst unabhängig von der öffentlichen Klage geltend gemacht wird.

Wenn bezüglich der öffentlichen Klage eine Verurteilung eingetreten ist, so erfolgt die Verjährung (der Privatanklage) nach den Bestimmungen des Bürgerlichen Gesetzbuches.

§ 10. Die Verjährungsfristen der öffentlichen und Privatanklage laufen vom Tage an, an welchem das Delikt begangen worden ist und bei Dauerdelikten [1]) vom Tage der Beendigung der Tat an.

§ 11. Die Verjährung wird unterbrochen durch die Erhebung der Anklage, durch eine Amtshandlung im Untersuchungs- oder im Hauptverfahren. Das Gleiche gilt für die Täter [2]) und Gehilfen einer Straftat, die noch nicht entdeckt sind, sowie für die privatrechtlich verantwortlichen Personen.

Im Falle der Unterbrechung der Verjährung läuft die Verjährungsfrist wieder von neuem von dem Tage an, an welchem zuletzt die Erhebung der Anklage, eine Amtshandlung im Untersuchungs- oder im Hauptverfahren vorgenommen worden ist.

§ 12. Es wird nicht als Unterbrechung der Verjährung angesehen, wenn die Erhebung der Anklage, die Amtshandlung im Untersuchungs- oder im Hauptverfahren ungesetzmäßig gewesen sind, es sei denn, daß nur durch die Unzuständigkeit des Gerichtes diese Gesetzwidrigkeit verursacht worden ist.

§ 13. Der Angeklagte kann, wenn er vom Prozesse frei geworden oder freigesprochen worden ist, seine Schadenersatzansprüche gegen den Antragsteller [3]), Anzeiger oder Privatankläger [4]), falls es einen solchen gibt, geltend machen wegen böser Absicht oder grober Fahrlässigkeit derselben.

Das Gleiche gilt selbst für den Fall einer Verurteilung, wenn durch böse Absicht oder grobe Fahrlässigkeit des Antragstellers,

---

[1]) Unter „Kēzoku hanzai" = Dauerdelikte sind nicht nur die wissenschaftlich so bezeichneten, sondern auch die fortgesetzten Delikte verstanden, bei denen dann die letzte Deliktshandlung für den Beginn der Verjährung entscheidend ist.

[2]) Täter im weiteren Sinne, auch Mittäter und Anstifter.

[3]) Kokusonin = Antragsteller, nicht nur bei Antragsdelikten, sondern jeder durch eine strafbare Handlung Verletzte, der die Erhebung der öffentlichen Anklage bei den Behörden verlangt.

[4]) Wie gegen den öffentlichen Ankläger, siehe § 14.

Anzeigers oder Privatanklägers eine Übertreibung der angeschuldeten Tat stattgefunden hat.

Wenn der Privatankläger in einem von ihm veranlaßten Rechtsmittelverfahren unterlegen ist, so kann der Angeklagte den Ersatz des ihm dadurch verursachten Schadens fordern.

Der Anspruch auf Schadenersatz desselben (des Angeklagten) kann jederzeit vor Gericht bis zur endgültigen Urteilsfällung geltend gemacht werden.

§ 14. Der Angeklagte kann, auch wenn er freigesprochen wurde, niemals Schadenersatzansprüche gegen einen Richter, Staatsanwalt, Gerichtsschreiber, Gerichtsvollzieher, Beamten der Gerichtspolizei, gegen Polizeileute oder Gendarmerie geltend machen, es sei denn, daß diese Amtspersonen dem Angeklagten einen Schaden mit Absicht zugefügt oder gegen ihn eine strafgesetzlich verfolgbare Handlung begangen haben.

§ 15. Bei Berechnung der in diesem Gesetze bestimmten Fristen werden dieselben, wenn sie nach Stunden bestimmt sind, von dem Augenblick an, von welchem die Frist läuft[1]), gerechnet; bei nach Tagen bestimmten Fristen wird der Tag, an welchem die Frist zu laufen beginnt, nicht gezählt; ist der letzte Tag ein gesetzlicher Feiertag[2]), so darf derselbe nicht gezählt werden, mit Ausnahme bei Verjährungsfristen.

Der Tag wird zu 24 Stunden, der Monat zu 30 Tagen, das Jahr nach dem Kalender berechnet.

§ 16. Die in diesem Gesetze bestimmten Fristen werden für Entfernungen von je 8 ri[3]) — zu Wasser oder zu Lande — um einen Tag verlängert; dabei zählt der Bruchteil von wenigstens 3 ri als ein ganzer Tag.

Für die Inseln[4]) und das Ausland kann das Gericht eine der Entfernung entsprechend verlängerte Frist bestimmen.

§ 17. Mit dem Ablaufe der in diesem Gesetze zur Vornahme von Prozeßhandlungen bestimmten Fristen tritt der Verlust der Befugnis[5]) ein, diese Prozeßhandlungen vorzunehmen, wenn es nicht in gewissen Fällen anders bestimmt ist.

§ 18. Wenn ein am Prozeß Beteiligter sein Domizil nicht am Sitze des zuständigen Gerichtes hat, so soll er dortselbst eine einstweilige Wohnung (eine Zustellungsadresse) bestimmen und dem Gerichte bekannt geben; sonst darf er sich nicht über die Nichtzustellung einer Prozeßurkunde beklagen.

---

[1]) a momento ad momentum.

[2]) Die Sonn- und Nationalfeiertage.

[3]) 1 ri = nicht ganz 4 km.

[4]) Die andern Inseln außer den 4 großen Inseln Honshiu, Shikoku, Kiushiu und Hokkaido; Korea und Formosa gelten natürlich nicht mehr als Ausland, doch wird Korea wie eine Insel behandelt.

[5]) Also in der Regel Präklusivfristen.

§ 19. In allen Fällen, in welchen dieses Gesetz keine besonderen Bestimmungen über die Zustellung von (Prozeß) Urkunden enthält, sollen die Bestimmungen der Zivilprozeßordnung entsprechend angewendet werden.

§§ 20 und 21 sind durch das Gesetz Nr. 73 vom 23. März 1899 verändert wie folgt:

§ 20. Alle Urkunden, welche von einem Staats- oder öffentlichen Beamten abgefaßt werden, sollen Tag, Monat, Jahr und Ort der Ausstellung enthalten; jedes Blatt soll durch ein Siegel mit dem nächsten verbunden, außerdem soll die Urkunde mit der Unterschrift und dem Siegel des Staats- oder öffentlichen Beamten und dem Siegel der Behörde, welcher der Beamte angehört, versehen werden. Wenn man das Siegel der Behörde nicht beisetzen kann, so soll in der Urkunde der Verhinderungsgrund erwähnt sein. Sonst tritt Nichtigkeit ein.

Andere Urkunden, welche nicht von einem Staats- oder öffentlichen Beamten abgefaßt werden, soll der Aussteller unterschreiben und siegeln.

§ 21. I. In Urschriften, Ausfertigungen und Abschriften von Urkunden, welche im Prozeß von Staats- oder öffentlichen Beamten angefertigt werden, darf kein Wort gestrichen oder verändert werden; bei Einfügungen, Durchstreichungen, Randbemerkungen soll das Siegel des Urhebers beigesetzt werden; ausgestrichene Worte müssen lesbar bleiben, die Zahl derselben soll erwähnt werden; andernfalls wird die Veränderung des ursprünglichen Textes nicht berücksichtigt.

II. Im Falle Privatpersonen Siegel und Unterschrift beisetzen sollen, so genügt die Unterschrift, wenn sie das Siegel nicht beisetzen können. Können sie nicht unterschreiben, so sollen sie durch einen beigezogenen Zeugen unterschreiben lassen und ihr Siegel beisetzen. Können sie weder siegeln noch unterschreiben, so sollen sie es vom Zeugen unterschreiben lassen.

Der Zeuge soll in der Urkunde erwähnen, warum er die Unterschrift für den andern beigesetzt hat [1]), sodann selbst unterschreiben oder Siegel und Unterschrift beisetzen.

Ist die Urkunde in Gegenwart eines Staats- oder öffentlichen Beamten ausgestellt worden, so braucht kein Zeuge beigezogen werden, selbst wenn die Privatpersonen nicht unterschreiben können. Der Staats- oder öffentliche Beamte soll für den andern (für die Privatperson) unterschreiben und in der Urkunde den Grund dafür angeben.

§ 22. Dieses Gesetz findet auch auf Delikte Anwendung, welche vor seiner Veröffentlichung begangen worden sind.

Die bereits vorgenommenen Prozeßhandlungen behalten Gültigkeit, soweit sie gesetzmäßig [2]) gewesen sind.

---

[1]) „X kann nicht schreiben, daher unterschreibt Y, Siegel“

[2]) Nach dem alten Gesetze richtig.

§ 23. Dieses Gesetz ist nicht anwendbar auf Personen, welche den Militär- oder Marinegesetzen unterworfen sind[1]).

§ 24. Die Bestimmung der Verwandtschaft und Schwägerschaft nach den Vorschriften des (alten) Strafgesetzbuches ist aufgehoben durch § 51 des Einführungsgesetzes des Strafgesetzbuches (vom 1. Oktober 1908).

2. Buch.

Die Gerichte (Saibansho).

1. Kapitel.

Zuständigkeit der Gerichte (Saibansho no kankatsu).

§ 25. Durch das Gerichtsverfassungsgesetz wird die sachliche Zuständigkeit der Gerichte in bezug auf die Art der Delikte geregelt[2]).

Wenn derselbe Beschuldigte wegen mehrerer Delikte verfolgt wird, für welche verschiedene Gerichte zuständig sind, so ist für alle diese Delikte das höhere Gericht zuständig.

§ 26. Unter den Gerichten gleicher Art ist für die Voruntersuchung und das Hauptverfahren jenes Gericht zuständig, in dessen Bezirk die Tat begangen worden ist oder wo der Beschuldigte sich aufhält.

§ 27. Unter mehreren zuständigen Gerichten gebührt demjenigen Gerichte der Vorzug, welches zuerst eine Amtshandlung der Voruntersuchung oder des Hauptverfahrens vorgenommen hat.

§ 28. Das Gericht, welches für die Täter zuständig ist, ist auch für die Gehilfen zuständig.

Sind für mehrere Täter verschiedene Gerichte zuständig, so gebührt demjenigen Gerichte der Vorzug, welches zuerst eine Amtshandlung der Voruntersuchung oder des Hauptverfahrens vorgenommen hat.

Wenn Delikte von einem Mitgliede der kaiserlichen Familie begangen worden sind, ist § 50 ² des Gerichtsverfassungsgesetzes maßgebend[3]); auch für Mittäter und Gehilfen ist in diesem Falle, ohne Rücksicht auf ihre Persönlichkeit[4]) der Oberste Gerichtshof zuständig.

§ 29. Handelt es sich um Delikte, welche außerhalb des Reiches begangen worden sind, aber nach japanischem Gesetze bestraft werden sollen, so ist dasjenige Gericht zuständig, in dessen Bezirk die Ergreifung des Beschuldigten[5]) erfolgt oder wohin der Beschuldigte vom Auslande geschickt worden ist.

---

[1]) Ausnahme siehe § 28, Anmerkung ³.

[2]) Siehe Gerichtsverfassungsgesetz §§ 16, 27, 37 und 50, welche Paragraphen die sachliche Zuständigkeit der Bezirks-, Land-, Oberlandesgerichte und des Obersten Gerichtshofes festsetzen.

[3]) Zuständigkeit des Obersten Gerichtshofes, wenn diese Delikte mit Gefängnis oder einer schwereren Strafe bedroht sind.

[4]) Selbst Militär- und Marinepersonen.

[5]) Innerhalb des Reiches.

Für ein Versäumnisurteil (wenn über die Tat in Abwesenheit des Beschuldigten abgeurteilt werden kann) ist das Gericht zuständig, in dessen Bezirk der Beschuldigte seinen letzten (bekannten) Wohnsitz hatte.

§ 30. Für Straftaten, an Bord eines japanischen) Schiffes begangen, ist das Gericht zuständig, in dessen Bezirk der Heimatshafen [1]) des Schiffes liegt oder derjenige (japanische) Hafen, welchen das Schiff nach der Tat zuerst anläuft.

§ 31. § 10 des Gerichtsorganisationsgesetzes bestimmt die Fälle, in denen ein Antrag auf Bestimmung der Zuständigkeit eines Gerichtes gestellt werden soll, sowie die Gerichte, welchen die Entscheidung über diese Frage zukommt.

§ 32. Der Antrag auf Bestimmung der Zuständigkeit eines Gerichtes kann vom Staatsanwalte und den andern am Prozeß Beteiligten gestellt werden.

In den Fällen, in welchen der Oberste Gerichtshof die Zuständigkeit eines Gerichtes zu bestimmen hat, kann der Generalprokurator auf Befehl des Justizministers oder von Amts wegen den Antrag (auf Bestimmung der Zuständigkeit eines Gerichtes) stellen.

§ 33. Wer den Antrag auf Bestimmung der Zuständigkeit eines Gerichtes stellen will, soll eine schriftliche Eingabe bei jenem Gerichte einbringen, welches über die Frage der Zuständigkeit zu entscheiden hat.

Das Gericht wird nach der Aktenlage [2]) über den Antrag entscheiden.

§ 34. Wenn die Natur einer Straftat, die Zahl oder Beschaffenheit der Beschuldigten, die örtlichen Leidenschaften oder andere wichtige Umstände Störungen oder eine Gefährdung des Gerichtes befürchten lassen, so kann die Strafsache aus Gründen der öffentlichen Sicherheit an ein anderes Gericht der gleichen Art und Gattung verwiesen werden.

§ 35. Die Verweisung aus Gründen der öffentlichen Sicherheit soll auf Befehl des Justizministers vom Generalprokurator beim Obersten Gerichtshofe beantragt werden.

Der Oberste Gerichtshof soll darüber entscheiden, ohne im betreffenden Falle die Parteien zu hören.

§ 36. Die Verweisung einer Strafsache an ein anderes Gericht der gleichen Art und Gattung wie das in einem bestimmten Falle zuständige Gericht kann überdies wegen eines gerechten Argwohnes gefordert werden, wenn die Beschaffenheit der Beschuldigten, örtliche Leidenschaften oder gewisse in der Strafsache gelegene Umstände befürchten lassen, daß die Unparteilichkeit (der Entscheidung) keine vollkommene sei.

---

[1]) D. i. derjenige Hafen, von welchem aus die Seefahrt mit dem Schiffe betrieben werden soll.

[2]) Ohne weitere Nachforschungen.

§ 37. Der Antrag auf Verweisung einer Strafsache wegen ge rechten Argwohnes kann vom Staatsanwalte des zuständigen Gerichtes und den Prozeßparteien beim übergeordneten Gerichte gestellt werden.

Jedoch darf dieser Antrag niemals von einem Privatankläger gestellt werden, welcher bei dem beargwöhnten Gerichte die Privatanklage selbst erhoben hat, noch von dem Angeklagten, der ohne Widerspruch in die Hauptsache eingegangen ist.

§ 38. Der Antrag auf Verweisung wegen gerechten Argwohns soll als schriftliche Eingabe in zwei Ausfertigungen bei dem Gerichte, welches in der Strafsache zu erkennen hat[1]), eingebracht werden. — Der Gerichtsschreiber soll eines der Schriftstücke unverzüglich den Prozeßgegnern zustellen, welche darauf innerhalb drei Tagen vom Zeitpunkte der Zustellung an schriftlich antworten können.

Sobald der Antrag auf Verweisung gestellt ist, soll das Gericht die Vornahme von Prozeßhandlungen einstellen.

§ 39. Das zur Entscheidung über diesen Antrag erwähnte[2]) „übergeordnete“ zuständige Gericht soll darüber nach der Aktenlage entscheiden.

2. Kapitel.

Ausschliessung und Ablehnung der Gerichtspersonen.

(Saibansho shokuin no joseki oyobi kihi kaihi.)

§ 40. Ein Richter ist von der Ausübung seines Amtes kraft Gesetzes ausgeschlossen:

1. wenn er selbst der Verletzte ist;
2. wenn zwischen dem Richter oder seiner Frau und dem Beschuldigten, dem Verletzten oder den Ehegatten derselben Verwandtschaft oder Schwägerschaft besteht, auch nach Auflösung der bezüglichen Ehe;
3. wenn er in der Sache Zeuge oder Sachverständiger gewesen oder der gesetzliche Vertreter des Beschuldigten oder Verletzten ist;
4. wenn er beim Abschluß der Voruntersuchung in einer Straf sache oder bei einer durch ein Rechtsmittel angefochtenen Entscheidung in einer früheren Instanz mitgewirkt hat.

§ 41. Wenn ein Richter von der Ausübung seiner Amtstätigkeiten kraft Gesetzes ausgeschlossen ist, oder wenn triftige Gründe vorliegen, um ein Mißtrauen gegen seine Unparteilichkeit zu rechtfertigen, so kann er vom Staatsanwalt oder den Prozeßbeteiligten[3]) abgelehnt werden.

---

[1]) Also bei dem beargwohnten Gerichte.

[2]) Im § 37.

[3]) Nach deutschem Rechte vom Privatkläger Nebenkläger event. auch von der Verwaltungsbehörde.

§ 42. Für den Antrag auf Ablehnung und die Entscheidung darüber sind die §§ 34 bis 38 ZPO.[1]) maßgebend.

§ 43. Wenn der Antrag auf Ablehnung gestellt worden ist, so sollen die Verhandlungen im Hauptverfahren unterbrochen werden; die Voruntersuchung wird fortgesetzt, kann jedoch auch unterbrochen werden, wenn keine Gefahr im Verzuge ist.

§ 44. Jeder Richter, der in seiner Person eine der im § 40 angeführten Ausschließungsgründe (Ursachen) erkannt hat oder der glaubt, sich seiner Amtstätigkeit enthalten (kaihi)[2]) zu müssen, soll seine Ausschließung bei jenem Gerichte beantragen, welches über die Ablehnung[3]) zu entscheiden hat.

Das Gericht soll über den Antrag auf Ausschließung entscheiden.

§ 45. Die Bestimmungen dieses Kapitels finden auch auf Gerichtsschreiber entsprechende Anwendung; doch wird die Entscheidung immer durch jenes Gericht gefällt, welchem der Schreiber angehört.

---

[1]) ZPO. § 34. Die gesetzlichen Gründe für die Ablehnung eines Richters können in jeder Lage des Prozesses geltend gemacht werden.

Wegen Befangenheit kann eine Partei einen Richter nicht mehr ablehnen, wenn sie, ohne den ihr bekannten Ablehnungsgrund geltend zu machen, vor demselben Anträge gestellt oder auf Anträge des Gegners erwidert hat.

ZPO. § 35. Der Antrag auf Ablehnung kann bei dem Gerichte, welchem der Richter angehört, schriftlich oder mündlich eingebracht werden; zur Glaubhaftmachung kann man auf die dienstlichen Äußerungen des abgelehnten Richters Bezug nehmen.

Wird ein Richter, vor welchem die Partei Anträge gestellt oder auf Anträge des Gegners erwidert hat, wegen Besorgnis der Befangenheit abgelehnt, so soll glaubhaft gemacht werden, daſs der Ablehnungsgrund erst später entstanden oder erst später der Partei bekannt geworden ist.

ZPO. § 36. Über den Ablehnungsantrag entscheidet, wenn der abgelehnte Richter einem Kollegialgerichte angehört, dieses Gericht; doch darf derselbe an der Entscheidung nicht teilnehmen.

Wird das Kollegialgericht durch Ausscheiden des abgelehnten Mitgliedes beschluſsunfähig, so entscheidet das im Instanzenzuge zunächst höhere Gericht.

Wird ein Bezirksrichter abgelehnt, so entscheidet das übergeordnete Landgericht. Es bedarf gar keiner Entscheidung, wenn der abgelehnte Richter selbst den Antrag auf Ablehnung für begründet hält.

ZPO. § 37. Die Entscheidung über den Ablehnungsantrag kann ohne vorgängige mündliche Verhandlung erfolgen; der abgelehnte Richter soll sich zuerst über den Grund des Ablehnungsantrages dienstlich äuſsern.

ZPO. § 38. Gegen den Beschluſs, durch welchen der Antrag für begründet erklärt wird, gibt es kein Rechtsmittel; gegen den Beschluſs, durch welchen der Antrag für unbegründet erklärt wird, gibt es die sofortige Beschwerde.

[2]) kaihi, wörtlich „sich enthalten", wegen Parteilichkeit.

[3]) Siehe § 42.

3. Buch.

Nachforschung nach Straftaten (Ermittlungsverfahren), Klageerhebung und Voruntersuchung.

(Hanzai no kōsa kisŏ oyobi yoshin.)

1. Kapitel.

(Nachforschung nach Straftaten.) Das Ermittlungsverfahren (sōsa).

§ 46. Sobald der Staatsanwalt durch einen Antrag, eine Anzeige, frische Tat oder andere Umstände Kenntnis oder Gerücht von einer Straftat erhalten hat, soll er nach den Beweisen und dem Tatbestande der Straftat nachforschen.

§ 47. Der Polizeipräfekt und die Präsidenten der Provinzen, ausgenommen der von Tokio, haben in ihrer Eigenschaft als Gerichtspolizeibeamte jeder in seinem Bezirke die gleichen Rechte wie die Staatsanwälte der Landgerichte zur Erforschung der Straftaten.

Als Hilfsorgane der Staatsanwälte und unter Leitung derselben sind folgende Personen als Gerichtspolizeibeamte zur Erforschung der Straftaten verpflichtet:

1. die Generalkommissäre (kēshi und kēbucho), Kommissäre und Unterkommissäre der Polizei;
2. die Offiziere und Unteroffiziere der Gendarmerie;
3. die Statthalter der Inseln;
4. die (gūn cho) höchsten Verwaltungsbeamten der Bezirke;
5. die Forstbeamten;
6. die Vorstände der Stadt- und Landgemeinden.

§ 48. Im Falle eine Straftat an Bord eines Schiffes begangen worden ist, soll der Kapitän die Tätigkeit der Gerichtspolizei ausüben.

I. Teil.

Antrag[1]) und Anzeige (Kokuso oyobi kokuhatsu).

§ 49. Jedermann, der sich durch eine Straftat für geschädigt erachtet, kann bei einem Staatsanwalte oder jedem Gerichtspolizeibeamten am Orte des Verbrechens oder dort, wo sich der Beschuldigte befindet, einen Antrag stellen.

Wenn der Antrag bei einem Gerichtspolizeibeamten gestellt worden ist, so soll dieser die Akten sobald als möglich dem Staatsanwalte des zuständigen Gerichtes übersenden, ausgenommen die Übertretungsfälle, welche er selbst sofort durch Urteil entscheidet[2]).

---

[1]) Antrag auf Verfolgung, keineswegs nur bei Antrags- und Ermächtigungsdelikten.

[2]) Die Verordnung Nr. 31 vom 24. 9. 1885 bestimmt die Übertretungsfälle (nach dem neuen Strafgesetzbuche jene Fälle, welche mit Haft und Geldbuße bedroht sind), welche der Gerichtspolizeibeamte sofort durch Urteil selbst entscheiden kann

§ 50. Der Antragsteller fügt seinem Antrage möglichst viele Beweise und Auskunftsmittel über die Tat bei.

§ 51. Der Antrag wird schriftlich eingebracht, vom Antragsteller unterschrieben und gesiegelt.

Er kann auch mündlich vor einem Staatsbeamten gestellt werden, welcher darüber ein Protokoll aufnimmt, dasselbe dem Antragsteller vorliest, worauf sodann beide Unterschrift und Siegel beisetzen. Kann der Antragsteller nicht unterzeichnen oder siegeln, so soll dies erwähnt werden.

§ 52. Jeder Staats- und öffentliche Beamte, welcher bei der Ausübung seines Amtes Kenntnis oder Gerücht von einer Straftat bekommt, soll die Anzeige davon sofort an den Staatsanwalt des Ortes machen, wo er seinen Dienst ausübt.

Die Anzeige muß schriftlich gemacht und von dem Staats- oder öffentlichen Beamten unterschrieben und gesiegelt werden und soll möglichst viele Beweise und Auskunftsmittel über die Tat enthalten.

§ 53. Jedermann, der Kenntnis oder Gerücht von einer Straftat bekommt, kann davon die Anzeige dem Staatsanwalte oder Gerichtspolizeibeamten gemäß den Bestimmungen der §§ 50 und 51 erstatten, und zwar am Orte der Straftat oder wo sich der Anzeiger befindet.

Die Beamten, welche eine Anzeige erhalten haben, sollen damit gemäß § 49 verfahren.

§ 54. Antragsteller und Anzeiger können sich durch einen (Spezial-) Bevollmächtigten vertreten lassen mit Ausnahme des in § 52 erwähnten Falles. Die Handlungsunfähigen erheben rechtsgültig den Antrag durch ihren gesetzlichen Vertreter.

§ 55. Anträge und Anzeigen dürfen immer zurückgenommen, die darin enthaltenen Erklärungen verändert werden, doch bleibt dadurch das Klagerecht des Angeklagten auf Schadenersatz gemäß § 13 aufrecht.

2. Teil.

Inflagrantidelikte. (Genkōhanzai).

§ 56. Ein Inflagrantidelikt ist ein solches, welches bei Begehung oder sofort nach Vollendung der Tat entdeckt wird.

§ 57. Gleichgehalten den Inflagranti-Verbrechen und -Vergehen (auf frischer Tat) sind folgende:

1. wenn ein Individuum durch den Nachruf einer oder mehrerer Personen als Täter verfolgt wird;
2. wenn ein Individuum im Besitze von Waffen, von Dingen, die aus der Straftat herrühren oder andern Gegenständen (Werkzeugen) betroffen wird oder an Körper oder Kleidung handgreifliche Spuren einer Straftat zeigt, wodurch er als Täter der Straftat verdächtig wird;

3. wenn ein Familienvorstand (kóshu Hausvater) die Obrigkeit in Anspruch nimmt, um wegen einer in seinem Hause begangenen Straftat einen Augenschein vornehmen oder einen der Täterschaft Verdächtigen verhaften zu lassen.

§ 58. Wenn ein Gerichtspolizeibeamter, Polizeimann (djunsa) oder Gendarm, der sich in Ausübung seines Dienstes befindet, ein Individuum auf frischer Tat betrifft, das ein Verbrechen [1]) oder ein mit Gefängnis bedrohtes Vergehen begangen hat, so soll er dasselbe vorläufig festnehmen, auch ohne daß er einen richterlichen Befehl abzuwarten braucht.

Ist das Inflagrantidelikt als Vergehen mit einer Geldstrafe oder als Übertretung (mit Haft oder Geldbuße) bedroht, so soll das Individuum nach Name und Wohnort gefragt, das Vergehen dem Staatsanwalte und die Übertretung jener Behörde angezeigt werden, welche zur sofortigen Aburteilung befugt ist. Wenn Name und Wohnort zweifelhaft erscheinen oder Fluchtgefahr vorliegt, so kann derselbe dem Staatsanwalte oder der Behörde vorgeführt werden.

§ 59. Jeder Polizeimann oder Gendarm, welcher einen Beschuldigten verhaftet hat, soll ihn unverzüglich einem Gerichtspolizeibeamten vorführen.

Letzterer, der den Beschuldigten in Empfang nimmt, soll ein Haft- und Anzeigeprotokoll aufnehmen.

§ 60. Wird jemand bei Verübung eines Verbrechens [2]) oder eines mit Gefängnis bedrohten Vergehens auf frischer Tat betroffen, so ist jedermann zu seiner vorläufigen Festnahme befugt.

§ 61. In dem im vorangegangenen § besprochenen Falle soll derjenige, welcher die Festnahme des Beschuldigten veranlaßt hat, denselben vor einen Gerichtspolizeibeamten führen. Ist dies nicht möglich, so soll er ihn vorläufig den Polizeileuten oder Gendarmen übergeben und muß dabei seinen Namen, Beruf und Wohnort, sowie die Ursache und Umstände der Verhaftung bekannt geben.

Überdies muß er sobald als möglich den Antrag stellen oder die Anzeige erstatten.

Er kann auch durch den Beschuldigten, den Polizeimann oder Gendarm verhalten werden, mit ihnen zur Behörde zu gehen, welches Ansuchen er ohne gerechtes Hindernis nicht abweisen kann.

2. Kapitel.

Erhebung der Klage (Kiso).

§ 62. Wenn der Staatsanwalt beim Landgerichte seine Nachforschungen abgeschlossen hat, so geht er vor wie folgt:

1. Erscheint ihm die Tat ein Verbrechen, so soll er die Einleitung der Voruntersuchung verlangen;

---

[1]) „Verbrechen“ ist jede Straftat, welche mit einer Freiheitsstrafe von 1 Jahr oder mehr oder Todesstrafe bedroht ist. Einführungsgesetz zum Strafgesetzbuche § 29.

[2]) Siehe Anmerkung 1 des § 58.

2. Hält er die Tat für ein Vergehen, so soll er nach der Schwere oder geringeren Bedeutung, den Schwierigkeiten oder der Einfachheit des Falles die Einleitung der Voruntersuchung veranlassen oder unmittelbar beim zuständigen Gerichte Klage erheben;
3. (verändert durch § 39 des Einführungsgesetzes zum Strafgesetzbuche wie folgt):

Wenn dem Staatsanwalte die Tat zur Zuständigkeit eines Bezirksgerichtes zu gehören scheint, so soll er mit den Beweisurkunden auch seine schriftliche Meinungsäußerung dem Staatsanwalte übersenden.

§ 63. Durch § 51 des Einführungsgesetzes zum Strafgesetzbuche ganz aufgehoben.

§ 64. Glaubt der Staatsanwalt, daß die Tat zur Zuständigkeit eines andern Gerichtes gehört, so schickt er die Strafsache dem Staatsanwalte dieses Gerichtes zu.

Erscheint der Fall nicht als Straftat oder die öffentliche Klage nicht statthaft, so folgt keine Klageerhebung.

§ 65. In allen angeführten Fällen soll der Staatsanwalt den Verletzten, wenn er einen Antrag von ihm erhalten hat, von seiner Verfügung verständigen.

§ 66. Wenn der Staatsanwalt die Voruntersuchung verlangt, so soll er gleichzeitig alle Beweise und Auskunftsmittel übersenden und bekanntgeben, falls er einen Augenschein für notwendig hält, sowie welche Personen in Haft zu nehmen sind, und diejenigen namhaft machen, die als Zeugen gehört werden sollen.

3. Kapitel.

Die Voruntersuchung (Yoshin).

§ 67. Mit Ausnahme der Inflagranti-Verbrechen und -Vergehen darf der Untersuchungsrichter ohne Antrag der Staatsanwaltschaft die Voruntersuchung nicht beginnen bei sonstiger Nichtigkeit alles dessen, was diesem Verlangen des Staatsanwaltes vorangegangen ist.

§ 68. In jedem Zeitpunkte der Voruntersuchung kann der Staatsanwalt vom Untersuchungsrichter verlangen, in die Prozeßakten Einsicht zu nehmen, soll dieselben aber innerhalb 24 Stunden zurückgeben.

Er kann jene Verfügungen, welche ihm notwendig erscheinen, von Fall zu Fall verlangen.

1. Teil.

Mandate (Reïjö) [1]).

§ 69. Wenn der Untersuchungsrichter eine Strafsache, welche Verbrechen oder Vergehen ist, nach Klageerhebung des Staats-

---

[1]) Vorladung, Vorführungs- und Haftbefehl.

anwaltes aufgenommen hat, so soll er zuerst gegen den Angeschuldigten einen Vorladungsbefehl erlassen, vor Gericht zu erscheinen, doch muß er einen Zeitraum von wenigstens 24 Stunden gewähren zwischen der Zustellung der Vorladung und dem Erscheinen des Beschuldigten vor Gericht.

Der Angeschuldigte, der auf diesen Befehl erschienen ist, soll unverzüglich, wenigstens aber am gleichen Tage einvernommen werden.

§ 70. Wenn der Angeschuldigte, der erscheinen soll, nicht im Bezirke des Untersuchungsrichters wohnt, so kann der Untersuchungsrichter den Untersuchungs- oder Bezirksrichter des Ortes, wo der Angeschuldigte sich aufhält, um die Einvernahme ersuchen, indem er demselben die Punkte der Einvernahme bekannt gibt.

§ 71. Der Untersuchungs- oder ersuchte Richter können gegen den Angeschuldigten, welcher am Tage und zur Stunde der Vorladung vor Gericht nicht erschienen ist, einen Vorführungsbefehl erlassen.

§ 72. Der Untersuchungs- oder ersuchte Richter können in folgenden Fällen sofort einen Vorführungsbefehl erlassen:

1. wenn der Angeschuldigte keinen bestimmten Wohnsitz hat;
2. wenn zu befürchten ist, daß der Angeschuldigte die Belastungsbeweise vernichten oder die Flucht ergreifen werde;
3. wenn zu befürchten ist, daß einer zur weiteren Ausführung der verbrecherischen Versuchshandlungen oder Drohungen schreiten werde [1]).

§ 73. Wer den Vorführungsbefehl zu vollstrecken hat, soll den Angeschuldigten vor jenen Richter bringen, der den Befehl erlassen hat.

Der Vorgeführte ist innerhalb 48 Stunden einzuvernehmen und soll nach dieser Frist freigelassen werden, falls nicht ein Haftbefehl gegen ihn erlassen worden ist.

§ 74. Wenn der Angeschuldigte eine Vorladung oder einen Vorführungsbefehl erhalten hat, jedoch durch Krankheit oder ähnliche gerechtfertigte Umstände, die er glaubhaft zu machen hat, am Erscheinen verhindert ist, so können der Untersuchungs- oder ersuchte Richter sich zum Angeschuldigten begeben, um ihn einzuvernehmen.

§ 75. Der Haftbefehl darf vor der Einvernahme des Angeschuldigten nicht erlassen werden und auch dann nur, wenn der Richter glaubt, daß die begangene Straftat mit Gefängnis oder einer schwereren Strafe bedroht ist; nur im Falle der Flucht des Beschuldigten kann der Haftbefehl ohne (vorangegangene) Einvernahme desselben erlassen werden.

§ 76. Alle Mandate sollen enthalten: Die Bezeichnung der angeschuldigten Tat, Name, Beruf und Wohnort des Angeschuldigten;

---

[1]) Wörtlich: „Dafs einer, der eine Versuchshandlung oder Drohung begangen hat, zur Fortsetzung seines verbrecherischen Zweckes schreiten werde."

wenn sein Name ungewiß ist, so wird er, mit Ausnahme der Vorladung, nach seiner Personsbeschreibung bezeichnet.

Die Mandate sollen noch Stunde, Tag, Monat und Jahr der Ausstellung enthalten und vom Richter und Gerichtsschreiber unterzeichnet und gesiegelt sein.

Die Vorladungen werden durch den Gerichtsvollzieher zugestellt, die Vorführungs- und Haftbefehle durch die Polizeileute oder Gendarme vollstreckt.

§ 77. Vorführungs- und Haftbefehle werden nach Umständen in mehreren Ausfertigungen ausgestellt und mehreren Polizeileuten oder Gendarmen übergeben.

(Durch das Gesetz Nr. 73 vom 23. 3. 1899 ist der 2. Absatz verändert und ein 3. und 4. Absatz zugefügt wie folgt):

Bei Vollstreckung der Vorführungs- und Haftbefehle sollen dieselben mitgenommen und dem Angeschuldigten auf Verlangen vorgewiesen werden.

Nach Vollstreckung der Vorführungs- und Haftbefehle soll in die Ausfertigung eines solchen Tag und Ort der Vollstreckung eingetragen werden, im Falle der Unmöglichkeit der Vollstreckung die Ursache dafür bemerkt und immer Unterschrift und Siegel beigesetzt werden.

Sodann soll der Polizeimann oder Gendarm die betreffenden Urkunden dem Staatsanwalte übergeben.

§ 78. Wenn der Polizeimann oder Gendarm, der mit der Vollstreckung betraut ist, glaubt, daß der Angeschuldigte sich in seinem oder einem fremden Hause verbirgt, so soll er in Gegenwart des Ortsvorstehers oder in dessen Verhinderung in Gegenwart von zwei oder mehreren Nachbarsleuten eine Hausdurchsuchung vornehmen.

In diesem Falle haben sie, ob der Beschuldigte gefunden ist oder nicht, ein Protokoll über die Hausdurchsuchung aufzunehmen, das Protokoll selbst zu unterschreiben und zu siegeln und von den beigezogenen Personen mit unterschreiben und siegeln zu lassen.

Die Hausdurchsuchung darf nicht vor Aufgang oder nach Untergang der Sonne gemacht werden; in Gast- und Einkehrhäusern, sowie an anderen Orten, welche zur Nachtzeit vom Publikum besucht werden können, darf die Hausdurchsuchung in den Stunden, in welchen dieselben für das Publikum geöffnet sind, jederzeit vorgenommen werden.

§ 79. Wenn in dringenden Fällen der Untersuchungsrichter weiß oder vermutet, daß der Beschuldigte sich im Bezirke eines andern Gerichtes verbirgt, so kann er einen Polizeimann oder Gendarm mit einem Befehle[1]) dorthin senden.

Der Polizeimann oder Gendarm soll dem Untersuchungsrichter, Staatsanwalt oder Gerichtspolizeibeamten des Ortes, wo sich der Beschuldigte befindet, den Befehl[1]) vorweisen und die sofortige Vollstreckung desselben verlangen.

---

[1]) Vorführungs- oder Haftbefehl.

§ 80. Wenn es dem Untersuchungsrichter unmöglich ist, zu wissen, wo sich der Angeschuldigte befindet, so kann er an alle Oberstaatsanwälte[1]) die Personsbeschreibung des Angeschuldigten übersenden und um die Nachforschung nach einem solchen Angeschuldigten und seine Festhaltung ersuchen.

Die so ersuchten Oberstaatsanwälte sollen den Staatsanwälten ihres Bezirkes die Ausforschung und Festhaltung des Angeschuldigten anbefehlen; der sonach von einem Staatsanwalte erlassene Festhaltungsbefehl hat die gleiche Wirkung wie ein Haftbefehl.

§ 81. Wenn der Angeschuldigte, gegen welchen ein Mandat erlassen wird, eine Militärperson oder ein Militärbeamter des Heeres oder der Kriegsmarine in aktiver Dienstleistung ist und zwar im Range eines Unteroffiziers oder weniger, so wird das Mandat seinem Vorgesetzten[2]) zugestellt, welcher ihn anweisen soll, sich mit Ausnahme eines unabwendbaren Hindernisses vor den Richter zu begeben.

§ 82. Der auf Grund eines Haftbefehles ergriffene Angeschuldigte soll in die im Befehle bezeichnete Gefangenanstalt eingeliefert werden, es sei denn seine unmittelbare Einlieferung nicht möglich; in diesem Falle soll er vorläufig in die nächst gelegene Gefangenanstalt eingeliefert werden.

Der Leiter einer Gefangenanstalt muß jedenfalls nach Prüfung des vorgewiesenen Haftbefehles den Angeschuldigten in Empfang nehmen und einen Empfangsschein ausstellen.

Durch das Gesetz Nr. 73 vom 23. März 1899 ist

§ 83 aufgehoben und sind die §§ 84 und 85 verändert wie folgt:

§ 84. Der Haftbefehl gegen einen in einer Gefangenanstalt befindlichen Angeschuldigten soll durch einen Beamten der Gefangenanstalt vollstreckt werden.

Die Bestimmungen des § 77 sind auch auf die Vollstreckung eines solchen Haftbefehles anwendbar.

§ 85. Der in Haft befindliche Angeschuldigte ist berechtigt, in Gegenwart eines Beamten die Besuche anderer Personen zu empfangen.

Schriftstücke können mit auswärts befindlichen Personen nur gewechselt werden, nachdem sie vorher vom Untersuchungsrichter oder Staatsanwalt genau durchgesehen worden sind.

Wenn der Untersuchungsrichter es für notwendig hält, so kann er den Angeschuldigten in Einzelhaft setzen lassen und ihm untersagen, mit jemanden zu sprechen, Schriftstücke oder andre Gegenstände zu empfangen und die erwähnten Schriftstücke können mit Beschlag genommen werden.

§ 86. Glaubt der Untersuchungsrichter im Laufe der Untersuchung, dass die Straftat nicht mit Gefängnis oder einer schwereren Strafe bedroht ist, so wird er jederzeit den Haftbefehl aufheben.

---

[1]) der 7 Oberlandesgerichte.

[2]) chōkan matawa taichō, der unmittelbare Vorgesetzte (Vorstand oder Kommandant).

2. Teil.

(Geschlossene) Einzelhaft (mishitsu kankin).

Die Anwendung der Einzelhaft, welche bis zu 10 Tagen vom Untersuchungsrichter verhängt werden konnte, ist aufgehoben durch das Gesetz Nr. 73 vom 23. 3. 1899; es entfallen daher die

§§ 87, 88 und 89. — Die Einzelhaft wurde nicht als Drohung des § 94 betrachtet, dem Angeklagten wurde dort nur Gelegenheit gegeben, sein Gewissen zu erforschen!

3. Teil.

Die Beweise (shōko).

§ 90. Das Geständnis des Angeschuldigten[1]), Augenscheinsprotokolle der Beamten, Beweis machende Gegenstände, Zeugenaussagen, Sachverständigengutachten und alle sonstigen Anzeigungen (Indizien) sind der freien (Beweis)würdigung der Richter unterworfen.

§ 91. Der Untersuchungsrichter soll auf Verlangen des Staatsanwaltes, des Angeschuldigten oder von Amtswegen als Beweismittel und Anzeigungen (Indizien) sammeln, welche zur Entdeckung der (Tat) Wahrheit notwendig sind.

§ 92. Wenn der Untersuchungsrichter einen Augenschein, eine Hausdurchsuchung, Beschlagnahme von Gegenständen, Einvernahme des Angeschuldigten oder der Zeugen vornimmt, so ist die Gegenwart des Gerichtsschreibers notwendig, der darüber ein Protokoll aufzunehmen hat, das er und der Untersuchungsrichter unterschreiben und siegeln.

Wenn im Dringlichkeitsfalle außerhalb des Gerichtes der Untersuchungsrichter einen Gerichtsschreiber nicht beiziehen kann, so muß er zur Vornahme einer solchen Untersuchungshandlung zwei Zeugen beiziehen, wenn es sich aber um eine Einvernahme in einer Gefangenanstalt handelt, einen Beamten dieser Anstalt.

In solchen Fällen soll der Untersuchungsrichter selbst ein Protokoll aufnehmen, es vorlesen und sodann mit den beigezogenen Personen unterschreiben und siegeln.

Sind Gerichtsschreiber oder die erwähnten Zeugen nicht anwesend, so sollen solche Handlungen nichtig sein.

4. Teil.

Einvernahme des Angeschuldigten und Gegenüberstellung.
(Hikokunin no jimmon oyobi taishitsu.)

§ 93. Vor allem soll der Untersuchungsrichter den Angeschuldigten einvernehmen, es sei denn das dringende Bedürfnis zur Vornahme eines Augenscheines oder zur Einvernahme von Zeugen vorhanden.

---

[1]) Siehe § 219³ und § 239.

§ 94. Der Untersuchungsrichter darf weder Drohungen noch Täuschungen anwenden, um vom Angeschuldigten ein Geständnis seiner Schuld zu erlangen.

§ 95. Der Gerichtsschreiber soll die Fragen an den Angeschuldigten und seine Antworten zu Protokoll nehmen und es ihm sodann vorlesen.

Der Untersuchungsrichter fordert dann den Angeschuldigten auf, zu erklären, ob er bei seinen Äußerungen bleibt, und läßt ihn sodann das Protokoll unterschreiben und siegeln. Wenn der Angeschuldigte nicht unterschreiben oder siegeln kann, so soll dies im Protokoll bemerkt werden.

§ 96. Wenn der Angeschuldigte eine Veränderung, Zugabe oder Weglassung in seiner Äußerung verlangt, so wird er darüber neuerlich einvernommen; die bezüglichen Fragen und Antworten werden zu Protokoll gebracht, letzteres sodann wieder vorgelesen, unterschrieben und gesiegelt.

§ 97. Der Angeschuldigte kann eine Abschrift dieses Protokolls verlangen.

§ 98. Der Untersuchungsrichter kann die Gegenüberstellung des Angeklagten mit einem andern Angeschuldigten, einem Zeugen oder einer dritten Person anordnen, wenn dies zum Beweise einer Mittäterschaft, der Feststellung der Identität des Angeschuldigten oder sonst zur Wahrheitsfindung notwendig erscheint.

§ 99. Der Gerichtsschreiber soll ein Protokoll aufnehmen, welches die Äußerungen der gegenübergestellten Personen enthält und die Umstände, die bei diesem Anlasse zutage getreten sind; diesen Teil des Protokolls wird er den gegenübergestellten Personen vorlesen.

Die in den §§ 95 und 96 enthaltenen Vorschriften finden auch auf die Gegenüberstellung Anwendung.

§ 100. Ist der Angeschuldigte oder einer der Gegenübergestellten taub, so werden diesem die Fragen schriftlich gestellt; ist er stumm, so soll er seine Antworten schriftlich geben. Kennt der Taube oder Stumme nicht die Schrift, so soll ihm ein Dolmetsch beigegeben werden.

Das Gleiche gilt für Angeschuldigte und Gegenübergestellte, welche nicht japanisch können[1]).

§ 101. Der Dolmetsch soll schwören, daß er getreu übersetzen werde.

Der Gerichtsschreiber soll das Protokoll dem Dolmetsch vorlesen und es von diesem unterschreiben und siegeln lassen.

Die Bestimmungen der §§ 136, 137 und 141 (über die Sachverständigen) finden auf diesen Paragraphen (die Dolmetsche) Anwendung.

---

[1]) Dieselben erhalten auch einen Dolmetsch.

5. Teil.

(Richterlicher) Augenschein, Durchsuchung und Beschlagnahme von Gegenständen.

(Kenshō, sōsaku oyobi bŭken sashiosaĕ.)

§ 102. Der Untersuchungsrichter soll sich an den Ort der Straftat oder andere Orte begeben und sie in Augenschein nehmen, wenn er es zur Wahrheitsfindung für notwendig erachtet.

§ 103. Der Untersuchungsrichter soll über alle Umstände ein Protokoll aufnehmen, welches Aufklärung geben kann über die Natur der Straftat, die Mittel, Tag, Stunde und Ort ihrer Begehung, sowie die Identität des Angeschuldigten.

Er soll in gleicher Weise alle Umstände feststellen, welche zur Entlastung des Angeschuldigten dienen.

§ 104. Der Untersuchungsrichter kann sich, um eine Durchsuchung vorzunehmen, auch in die Wohnung des Angeschuldigten oder jeder andern Person begeben, von der vermutet wird, daß sie Gegenstände, die zum Beweise der Tat dienen können, verbirgt.

Wenn der Angeschuldigte oder die Person, welche die fragliche Sache verbirgt, nicht anwesend sind, so soll der Untersuchungsrichter Verwandte, die dort wohnen, zuziehen oder in Ermanglung solcher den Vorstand der betreffenden Stadt- oder Landgemeinde.

Die Bestimmungen des § 78, 3. Absatz, sind auch auf diesen Paragraphen anwendbar.

§ 105. Der Untersuchungsrichter kann eine Durchsuchung der Person des Angeschuldigten und der ihm gehörigen Sachen vornehmen sowie jedes andern[1]), von dem vermutet wird, daß er Gegenstände verbirgt, die zum Beweise der Tat dienen können.

§ 106. Wenn der Untersuchungsrichter glaubt, daß Gegenstände, die bei einem Augenscheine oder einer Durchsuchung gefunden worden sind, zur Findung der Wahrheit dienen können, so soll er dieselben in Beschlag nehmen, sie siegeln und beschreiben; dem Gerichtsschreiber obliegt die Verwahrung der Gegenstände und ihre Übersendung (an das Gericht).

§ 107. Wenn Augenschein, Durchsuchung oder Beschlagnahme von Gegenständen am gleichen Tage nicht vollendet werden können, so soll der Untersuchungsrichter den fraglichen Ort abschließen lassen oder dortselbst Wächter[2]) aufstellen.

§ 108. Der Angeschuldigte kann dem Augenschein, der Durchsuchung oder Beschlagnahme persönlich oder durch einen Stellvertreter beiwohnen.

Befindet sich der Angeschuldigte in Haft, so darf er nicht persönlich beiwohnen, wenn es nicht der Untersuchungsrichter für nützlich hält.

---

[1]) Ebenfalls Person und Sachen.

[2]) Gewöhnlich Polizei oder Gendarmerie, aber auch Privatleute.

§ 109. Der Untersuchungsrichter wird dem Angeschuldigten, ob derselbe bei der Beschlagnahme der Beweisgegenstände anwesend war oder nicht, diese Gegenstände immer vorzeigen und ihn auffordern, sich darüber umständlich zu äußern.

Die Fragen und Antworten werden zu Protokoll gebracht.

§ 110. Wenn sich die Notwendigkeit ergibt, am Orte des Augenscheins und der Durchsuchung Zeugen zu hören, so soll der Untersuchungsrichter dieselben gemäß den Bestimmungen der §§ 115 und folgende einvernehmen.

§ 111. Der Untersuchungsrichter kann anordnen, daß während der Vornahme der angeführten Tätigkeiten niemand ohne seine Erlaubnis vom Orte, wo diese Tätigkeiten vorgenommen werden, sich entferne oder dahin komme.

§ 112. Den Umständen entsprechend kann der Untersuchungsrichter selbst in seinem Bezirke den Richter des Bezirks ersuchen, einen Augenschein, eine Durchsuchung oder eine Beschlagnahme von Gegenständen vorzunehmen.

§ 113. Wenn der Untersuchungsrichter es zur Wahrheitsfindung für notwendig hält, so kann er ein begründetes Ersuchsschreiben an die Post-, Telegrafen- und Eisenbahnverwaltung sowie verschiedene Gesellschaften richten, um sich die Briefe, Telegramme, Schriftstücke und sonstigen Gegenstände, welche für den Angeschuldigten oder eine an der Untersuchung beteiligte Person bestimmt sind oder von denselben abgesendet werden, ausfolgen zu lassen. Der Untersuchungsrichter wird dieselben in Empfang nehmen, eröffnen und einen Empfangsschein darüber ausstellen.

§ 114. Gegenstände im Besitze von Personen, welche berechtigt sind, sich der Zeugenaussage zu entschlagen, Umstände betreffend, die sie geheim zu halten verpflichtet sind, können nur mit Zustimmung dieser Personen in Beschlag genommen und eröffnet werden.

6. Teil.

Einvernahme der Zeugen. (Shōnin jimmon).

§ 115. Die Zeugenvorladung soll den Namen, Beruf und Wohnort des Zeugen enthalten.

Es soll darin Tag, Stunde und Ort des Erscheinens sowie der Hinweis enthalten sein, daß im Falle des Ausbleibens eine Geldbuße verhängt und ein Vorführungsbefehl erlassen wird. Zwischen dem Empfange der Vorladung und dem Erscheinen vor Gericht soll ein Zeitraum von wenigstens 24 Stunden gewährt werden.

§ 116. Wenn der Zeuge glaubhaft macht, daß es ihm wegen Krankheit oder einer anderen gerechten Ursache nicht möglich ist, vor dem Richter zu erscheinen, so wird sich der Richter zu ihm begeben, um seine Aussage zu erhalten.

§ 117. Ist der Zeuge eine Militärperson oder ein Militärbeamter des Heeres oder der Kriegsmarine in aktiver Dienstleistung, so soll ihm die Vorladung durch Vermittlung seines Vorgesetzten[1]) zugestellt werden; dieser soll ihm den Befehl geben, vor Gericht zu erscheinen oder im Falle einer dienstlichen Verhinderungsursache beim Richter ein begründetes Ersuchen einbringen, die Frist zu verlängern.

§ 118. Wenn der Zeuge mit Ausnahme der in den beiden früheren §§ erwähnten Fälle nicht erscheint, so ist er nach Anhörung des Staatsanwaltes vom Untersuchungsrichter in die durch sein Ausbleiben verursachten Kosten, außerdem zu einer Geldstrafe von 2 bis 20 Yen zu verurteilen; gegen diese Entscheidung ist aber eine Beschwerde zulässig, wodurch die Vollstreckung (der Strafe) aufgeschoben wird.

Der Zeuge kann überdies vom Untersuchungsrichter unter schriftlicher Bekanntgabe des Ausspruches über die Geldstrafe wieder vorgeladen oder sofort durch einen Vorführungsbefehl zum Erscheinen gezwungen werden.

Falls er auf die neuerliche Vorladung nicht erscheint, so soll außer den durch das Ausbleiben verursachten Kosten die Geldstrafe verdoppelt und überdies kann ein Vorführungsbefehl ausgestellt werden. Um die Verhängung einer Geldstrafe und ihrer Eintreibung gegen eine Militärperson oder einen Militärbeamten des Heeres oder der Kriegsmarine in aktiver Dienstleistung soll das Militärgericht oder der Vorgesetzte des Betreffenden ersucht werden; in gleicher Art geschieht die Vorführung dieser Personen.

§ 119. Wenn aber der Zeuge innerhalb 3 Tagen nach Zustellung der Verurteilung sich rechtfertigt, daß er wegen eines gerechten Hinderungsgrundes nicht erscheinen konnte, so soll diese Entscheidung über die Geldstrafe und den Schadenersatz vom Untersuchungsrichter nach Anhörung des Staatsanwaltes widerrufen werden.

§ 120. Der Zeuge, welcher auf die Vorladung vor Gericht erscheint, soll den Vorladungsbefehl vorzeigen und wenn er ihn verloren hat, seine Identität (auf andere Art) glaubhaft machen.

§ 121. Der Untersuchungsrichter soll eine als Zeugen vorgeladene Person nach Namen, Alter, Beruf, Wohnort und danach fragen, ob er zu den im § 123 bezeichneten Personen gehört.

§ 122. Der Untersuchungsrichter soll den Zeugen beeiden, daß er „nach bestem Wissen die Wahrheit sagen, nichts verheimlichen und nichts hinzufügen werde.“[2])

Die Eidesformel soll vom Gerichtsschreiber vorgelesen und vom Zeugen unterzeichnet und gesiegelt werden; kann der Zeuge nicht unterzeichnen oder siegeln, so soll dies erwähnt werden.

§ 123. Als Zeugen sollen nicht einvernommen, doch dürfen ihre Äußerungen unbeeidet, um Auskunft über das Tatsächliche zu erhalten, folgende Personen angehört werden:

---

[1]) Siehe Anmerkung 2 zu § 81.

[2]) Auch die Eidesformel für die Sachverständigen, siehe § 137.

1. der Privatkläger;
2. die Verwandten oder Verschwägerten, auch nach Auflösung der bezüglichen Ehe, des Privatklägers und des Angeschuldigten;
3. ihr [1]) Vormund oder derjenige, der unter ihrer Vormundschaft steht;
4. ihre [1]) Bediensteten, Angestellten und die mit ihnen wohnenden Personen.

§ 124. In gleicher Art sind auch folgende Personen zu behandeln:

1. Menschen unter 16 Jahren;
2. Personen, die irgend einen Mangel in ihren Geistesfähigkeiten zeigen;
3. Taubstumme;
4. Personen, die ihre bürgerlichen Rechte [2]) verloren haben oder denen die Ausübung derselben vorübergehend untersagt ist;
5. diejenigen, gegen welche wegen Verbrechens oder eines mit schwerem Gefängnis bedrohten Vergehens die Eröffnung des Hauptverfahrens beschlossen ist;
6. Personen, welche vorher wegen derselben Straftat [3]) verfolgt, jedoch nur wegen unvollkommener Beweise von der Klage befreit worden sind.

§ 125. Zur Verweigerung des Zeugnisses sind berechtigt:

1. Staats- und öffentliche Beamte und solche, die es gewesen sind, über alles, bezüglich dessen sie in Ausübung ihres Amtes zur Geheimhaltung verpflichtet sind.

(Nr. 2 durch § 40 des Einführungsgesetzes zum Strafgesetzbuche verändert wie folgt:

2. Ärzte, Apotheker und Drogisten, Hebammen, Rechtsanwälte, Verteidiger, Notare, sowie Geistliche, welche die angeführten Berufe ausgeübt haben in Ansehung dessen, was ihnen in dieser ihrer Eigenschaft anvertraut [4]) worden ist.

Diejenigen, welche das Zeugnis verweigern, müssen die Tatsachen, mit welchen sie ihre Verweigerung begründen, äußern und glaubhaft machen.

§ 126 ist durch § 41 des Einführungsgesetzes zum Strafgesetzbuche verändert wie folgt:

§ 126. Gegen Zeugen, welche den Eid abzulegen oder nach Ablegung desselben die Aussage zu machen sich weigern, soll der Untersuchungsrichter nach Anhörung des Staatsanwaltes eine Geldstrafe unter 40 Yen oder Geldbuße [5]) verhängen. Gegen diese Ent-

---

[1]) Des Privatklägers und des Angeschuldigten.

[2]) Infolge einer strafrechtlichen Verurteilung.

[3]) Jene Straftat, über die er als Zeuge zu befragen wäre.

[4]) Wörtlich: „bei der Ausübung ihres Berufes zur Kenntnis gekommen und zur Geheimhaltung verpflichtet."

[5]) Geldbuſse ist immer unter 20 Yen.

scheidung kann eine Beschwerde ergriffen werden, welche die Vollstreckung aufschiebt.

Für den Ausspruch der oberwähnten Strafe und ihre Vollstreckung gegen Militärpersonen und -Beamte des Heeres und der Marine in aktiver Dienstleistung soll das Militärgericht ersucht werden.

§ 127. Die Zeugen sollen von einander und vom Angeschuldigten abgesondert einvernommen werden. Nur wenn es der Untersuchungsrichter zur Findung der Wahrheit für nötig erachtet, kann er sie einander oder dem Angeschuldigten gegenüberstellen.

§ 128. Der Untersuchungsrichter kann sich mit den Zeugen, wenn es ihm zum genaueren Verständnisse ihrer Aussagen notwendig erscheint, an den Tatort oder jeden anderen Ort begeben.

Im Falle sich der Zeuge weigert, wird nach § 118 vorgegangen.

§ 129. Die Bestimmungen der §§ 100 und 101 sind gleichartig auch auf die Zeugen anwendbar.

§ 130. Ist ein Mitglied der Kaiserlichen Familie Zeuge, so soll der Untersuchungsrichter sich zu demselben begeben, um ihn einzuvernehmen.

Staatsminister werden am Sitze ihrer Behörde einvernommen, wenn sie sich außerhalb dieses Ortes aufhalten, so werden sie am Orte ihres Aufenthaltes einvernommen.

Ein Mitglied des kaiserlichen Parlamentes wird während der Session und der Zeit, wo er sich am Sitze des Parlamentes aufhält, dortselbst einvernommen.

§ 131. Der Untersuchungsrichter wird das Protokoll durch den Gerichtsschreiber dem Zeugen vorlesen lassen, um die Übereinstimmung desselben mit seinen Aussagen anzuerkennen.

Der Zeuge kann in seinen Erklärungen Zufügungen, Streichungen, Veränderungen verlangen und der Gerichtsschreiber soll dieses Verlangen und den Inhalt desselben zu Protokoll bringen.

Das Protokoll soll vom Untersuchungsrichter, Gerichtsschreiber und Zeugen unterschrieben und gesiegelt werden; kann der Zeuge nicht unterschreiben und siegeln, so soll dies bemerkt werden.

§ 132. Wenn ein Zeuge sich nicht am Orte oder Sitz des Gerichtes befindet, so kann der Untersuchungsrichter des Landgerichtes seines Wohnortes um seine Einvernahme ersucht werden.

Hält sich ein Zeuge außerhalb des Bezirkes (des Gerichtes) auf, so kann ein Ersuchen um seine Einvernahme an einen Untersuchungsrichter oder einen Richter des Bezirksgerichtes gerichtet werden, wo er sich befindet.

§ 133. Die Befugnisse des Untersuchungsrichters gegen die Zeugen gemäß §§ 118, 119 und 126 hat auch der ersuchte Richter.

§ 134. Die Zeugen können den Ersatz ihrer Reisekosten und ein Tagegeld (Entschädigung für Zeitversäumnis) verlangen.[1])

---

[1]) Siehe § 141.

7. Teil.

Sachverständige. (Kantē).

§ 135. Wenn es der Untersuchungsrichter für nützlich hält, Sachverständige beizuziehen, um die Natur der Straftat, ihre Mittel und Wirkungen aufzuklären, so soll er dafür eine oder mehrere Personen beiziehen, welche dazu durch ihre Wissenschaft oder ihren Beruf geeignet sind.

Wenn es der Untersuchungsrichter für notwendig erachtet, so kann er die Öffnung einer Leiche anordnen oder ihre Ausgrabung, um eine beerdigte Leiche zu besichtigen und zu öffnen.

§ 136. Die Bestimmungen der §§ 115, 118 bis 121, 123 bis 125 und 128 sind mit Ausnahme des Vorführungsbefehles auch auf Sachverständige entsprechend anwendbar.

(Durch das Gesetz Nr. 73 vom 23. 3. 1899 wird noch hinzugefügt): Auch die Bestimmungen der §§ 100 und 101 sind auf die Sachverständigen anwendbar.

§ 137. Die Sachverständigen sollen einen Eid leisten, ihre Tätigkeit mit Unparteilichkeit und Gewissenhaftigkeit auszuüben. Die Eidesleistung soll in der im § 122 vorgeschriebenen Form erfolgen. [1])

Durch § 41 des Einführungsgesetzes zum Strafgesetzbuche ist § 138 geändert worden wie folgt:

§ 138. Wenn die Sachverständigen sich weigern, den Eid zu leisten oder nach der Eidesleistung ihre Aufgabe zu erfüllen, so sollen sie vom Untersuchungsrichter nach Anhörung des Staatsanwaltes zu einer Geldstrafe unter 40 Yen oder Geldbuße verurteilt werden; gegen diese Entscheidung kann eine Beschwerde ergriffen werden, welche den Vollzug der Strafe aufschiebt.

§ 139. Der Richter kann immer im Laufe der Untersuchung auf Ansuchen der Sachverständigen oder von Amtswegen noch andre oder neue Sachverständige bestimmen.

§ 140. Die Sachverständigen sollen einen genauen, schriftlichen Bericht verfassen über ihren Befund und ihr Gutachten sowie die Zahl der Stunden ihrer Tätigkeit darin erwähnen.

Wenn sie kein bestimmtes Gutachten abgeben können, sollen sie angeben, was sie vermuten.

Stimmen sie in ihren Ansichten nicht überein, so können sie nach Belieben entweder jeder einen abgesonderten schriftlichen Bericht machen oder alle zusammen einen einzigen unter Anführung der Meinungsverschiedenheiten.

§ 141. Die Sachverständigen können den Ersatz ihrer Reisekosten, ein Tagegeld (Entschädigung für Zeitversäumnis) sowie den Ersatz aller notwendig gemachten Auslagen[2]) fordern.

---

[1]) schriftlich!

[2]) Anläfslich der Anfertigung ihres Gutachtens usw. zum Unterschiede von den Zeugen § 134.

8. Teil.

Voruntersuchung bei Inflagranti-Delikten.
(genkōhan no yōshin.)

§ 142. Bei allen Inflagranti-Verbrechen und den zur Zuständigkeit der Landgerichte gehörigen Vergehen kann der Untersuchungsrichter, wenn er früher davon verständigt wird als der Staatsanwalt, nach Dringlichkeit des Falles sofort mit der Voruntersuchung beginnen, ohne das Verlangen des Staatsanwaltes abzuwarten, doch nach Verständigung desselben.

Er kann sich also an den Tatort begeben, Mandate erlassen und in den Untersuchungshandlungen fortschreiten unter Beobachtung der in diesem Kapitel bestimmten Formvorschriften.

§ 143. In diesem Falle wird die öffentliche Klage, ohne daß der Staatsanwalt sie erhoben hätte, als erhoben betrachtet, sobald der Untersuchungsrichter ein Augenscheins(Kenshō)protokoll aufgenommen hat, in welchem erwähnt werden soll, daß die Tat ein Inflagranti-Verbrechen oder -Vergehen ist.

Der Untersuchungsrichter soll unverzüglich die Akten (des begonnenen Prozesses) dem Staatsanwalte übersenden und wird der Prozeß sodann in der gewöhnlichen Form beendet, selbst wenn der Staatsanwalt beschließen würde, daß kein Grund zur Fortsetzung der Untersuchung vorliegt.

§ 144. (Verändert durch § 41 des Einführungsgesetzes zum Strafgesetzbuche wie folgt:) Ist in diesen Fällen der Inflagrantidelikte und zwar der Verbrechen und der zur Zuständigkeit der Landgerichte gehörigen Vergehen der Staatsanwalt des Land- oder Bezirksgerichtes früher davon verständigt als der Untersuchungsrichter, so kann er (der Staatsanwalt) im Falle der Dringlichkeit nach Verständigung des Untersuchungsrichters, ohne ihn aber abzuwarten, sich an den Tatort begeben und alle jene verschiedenen Amtstätigkeiten vornehmen, welche zum Wirkungskreise eines Untersuchungsrichters gehören. Doch kann er (der Staatsanwalt) keine Verurteilung zu einer Geldstrafe oder -buße oder zum Ersatz der Kosten aussprechen.

Zeugen und Sachverständige sollen ihre Aussagen unbeeidet ablegen.

§ 145. In einem solchen Falle soll der Staatsanwalt des Landgerichtes dem Untersuchungsrichter die Beweisakten mit seiner Ansicht unverzüglich übersenden.

Der Staatsanwalt des Bezirksgerichtes soll die Akten an den Staatsanwalt des Landgerichtes senden.

§ 146. Bei Inflagrantivergehen, die zur Zuständigkeit des Bezirksgerichtes gehören, kann der Staatsanwalt dieses Gerichtes, falls er davon verständigt ist, im Dringlichkeitsfalle die im § 144 erwähnten Amtshandlungen vornehmen.

Ist ein Haftbefehl gegen den Beschuldigten ausgestellt worden, so muß der Staatsanwalt innerhalb dreier Tage die Klage erheben.

§ 147. Die in den §§ 144 und 146 den Staatsanwälten übertragenen Amtstätigkeiten können vorläufig auch durch Gerichtspolizeibeamte ausgeübt werden, welche aber keinen Haftbefehl erlassen können.

Die Gerichtspolizeibeamten sollen ihre Beweisakten mit ihrer Ansicht sofort dem Staatsanwalte des zuständigen Gerichtes übersenden und falls sie den Beschuldigten in Verwahrung haben, sollen sie ihn dem Staatsanwalte vorführen lassen.

§ 148. Nachdem die Strafsache vom Staatsanwalte des Bezirksgerichtes oder den Gerichtspolizeibeamten dem Staatsanwalte des Landgerichtes übergeben worden ist, wird dieser (der Staatsanwalt des Landgerichtes) alle Akten mit seinen Anträgen dem Untersuchungsrichter übergeben.

Ist ihm gleichzeitig der Beschuldigte überstellt worden, so wird er denselben innerhalb 24 Stunden verhören, (darüber ein Protokoll aufnehmen) und weiters, ob er nun einen Haftbefehl erläßt oder nicht, wie im vorhergehenden Absatze verfahren.

§ 149. In allen Fällen eines Inflagrantivergehens kann der Staatsanwalt des Landgerichtes, ob nun ein Haftbefehl erlassen worden ist oder nicht, unmittelbar vor dem (zuständigen) Gerichte die Klage erheben, wenn er glaubt, daß die Voruntersuchung nicht nötig ist.

Wenn die Tat nicht den Tatbestand eines Deliktes enthält oder die öffentliche Klage nicht zulässig ist, so soll die Klage nicht erhoben werden.

9. Teil.

Vorläufige Enthaftung. (hoshakŭ).

§ 150. Im Laufe der Untersuchung kann der Untersuchungsrichter nach Anhörung des Staatsanwaltes über Verlangen des in Haft befindlichen Angeschuldigten anordnen, daß derselbe vorläufig enthaftet werde, wenn der Angeschuldigte sich schriftlich verpflichtet, auf jede Vorladung hin vor Gericht zu erscheinen, und dafür eine Bürgschaft leistet.

Ist der Angeschuldigte handlungsunfähig, so kann sein gesetzlicher Vertreter dieses Verlangen stellen.

§ 151. Die Höhe der Bürgschaftsleistung wird vom Untersuchungsrichter festgesetzt, welcher dies in der Urkunde, mit der die vorläufige Enthaftung verfügt wird, erwähnen soll.

§ 152. Die Bürgschaftsleistung soll vom Angeschuldigten oder seinem gesetzlichen Vertreter in Bargeld oder Wertpapieren erlegt werden.

Sie kann auch in der schriftlichen Erklärung der Bürgschaftsleistung unter Nennung der Kautionssumme bestehen, wenn der unterschriebene Bürge seinen Wohnsitz im Gerichtsbezirke hat und seine Zahlungsfähigkeit unzweifelhaft ist.

§ 153. Die Ladungen, vor Gericht zu erscheinen, müssen dem Angeschuldigten während der Dauer der vorläufigen Enthaftung wenigstens 24 Stunden vor dem Termin, welcher für sein Erscheinen festgesetzt ist, mitgeteilt werden.

§ 154. Die gestellte Bürgschaft soll ganz oder teilweise eingezogen werden, wenn der Angeschuldigte während der vorläufigen Enthaftung gehörig vorgeladen ohne gerechte Ursache vor Gericht nicht erschienen ist.

§ 155. Die (gänzliche oder teilweise) Einziehung der Bürgschaft soll vom Untersuchungsrichter nach Anhörung des Staatsanwaltes ausgesprochen werden.

§ 156. Hat der Untersuchungsrichter die Einziehung der Bürgschaft ausgesprochen, so soll er gleichzeitig die vorläufige Enthaftung aufheben.

Der Untersuchungsrichter kann auch während des Laufes der Untersuchung, wenn er es für notwendig erachtet,[1]) nach Anhörung des Staatsanwaltes die vorläufige Enthaftung aufheben.

§ 157. Wenn der Untersuchungsrichter nach Einziehung der Bürgschaft schließlich die Befreiung vom Prozesse ausspricht oder die Strafsache als eine Übertretung oder ein nur mit Geldstrafe bedrohtes Vergehen vor das zuständige Gericht zur Eröffnung des Hauptverfahrens verweist, so soll er auch nach Anhörung des Staatsanwaltes die Rückstellung der eingezogenen Bürgschaftssumme verfügen.

§ 158. Wenn der Untersuchungsrichter die Befreiung vom Prozesse ausspricht oder die Strafsache als eine Übertretung oder ein nur mit Geldstrafe bedrohtes Vergehen vor das zuständige Gericht zur Eröffnung des Hauptverfahrens verweist, oder die vorläufige Enthaftung wieder aufhebt, so soll er auch die Rückstellung der Bürgschaft verfügen.

(Durch das Gesetz Nr. 73 vom 23. März 1899 wird noch hinzugefügt:)

§ 158. 2. Gegen die Entscheidung, welche die vorläufige Enthaftung nicht bewilligt, ist eine Einrede bei dem betreffenden Gerichte gestattet.

Das (gleiche) Gericht soll darüber nach Anhörung des Staatsanwaltes entscheiden.

§ 159. Der Untersuchungsrichter kann den Angeschuldigten nach Anhörung des Staatsanwaltes in Freiheit[2]) setzen unter Aufsicht seiner Verwandten, Verschwägerten oder Freunde, selbst wenn er nicht darum gebeten hat.

Diese „vorläufige Enthaftung unter Aufsicht“ soll mit einer schriftlichen Erklärung verbunden werden, welche von den Verwandten, Verschwägerten oder Freunden unterschrieben wird, daß sie den Angeschuldigten auf jede Vorladung des Gerichtes hin verhalten werden, vor demselben zu erscheinen.

---

[1]) Also auch ohne Einziehung der Bürgschaft.

[2]) (sekifû) „vorläufige Enthaftung unter Aufsicht“.

§ 160. Die Ladungen, vor Gericht zu erscheinen, müssen dem Angeschuldigten während der Dauer der vorläufigen Enthaftung unter Aufsicht wenigstens 24 Stunden vor dem Termin, welcher für sein Erscheinen festgesetzt ist, mitgeteilt werden.

Wenn der Angeschuldigte gehörig vorgeladen ohne gerechte Ursache vor Gericht nicht erschienen ist, so soll der Untersuchungsrichter nach Anhörung des Staatsanwaltes die vorläufige Enthaftung unter Aufsicht wieder aufheben.

10. Teil.

Abschluß der Voruntersuchung. (Yoshin shūketsu.)

§ 161. Wenn der Untersuchungsrichter glaubt, daß er für die Strafsache unzuständig ist oder daß keine weiteren Untersuchungshandlungen mehr notwendig sind [1]), so wird er die Prozeßakten dem Staatsanwalte übersenden mit dem Ersuchen, seine Ansicht über den Abschluß der Untersuchung zu äußern.

Der Staatsanwalt muß die Prozeßakten mit seiner Ansicht innerhalb dreier Tage zurücksenden.

§ 162. Wenn der Staatsanwalt der Ansicht ist, daß die Untersuchung nicht vollständig sei, so kann er eine Ergänzung (weitere Nachforschungen über irgend einen Punkt der Untersuchung) verlangen; verweigert der Untersuchungsrichter dies, so muß der Staatsanwalt die Prozeßakten mit seiner Ansicht in (einer neuerlichen Frist von) 24 Stunden zurückstellen.

§ 163. Unabhängig von der Ansicht des Staatsanwaltes muß der Untersuchungsrichter gemäß einer der nachfolgenden Bestimmungen die Voruntersuchung durch Entscheidung abschließen.

§ 164. Wenn der Untersuchungsrichter findet, daß er nicht zuständig für die Strafsache ist, so soll er dies aussprechen. Wenn er glaubt, daß der Angeschuldigte in Haft gehalten werden soll, so soll er neuerlich einen Haftbefehl ausstellen oder den bereits erlassenen Haftbefehl aufrecht erhalten und die Strafsache dem Staatsanwalte übergeben.

§ 165. In nacherwähnten Fällen soll der Untersuchungsrichter die Befreiung vom Prozesse aussprechen, und wenn der Angeschuldigte in Haft ist, seine Enthaftung verfügen:

1. wenn die Beweise der Tat (gegen den Beschuldigten) unzulängliche sind;
2. wenn die Strafsache nicht den Tatbestand eines Deliktes enthält;
3. wenn die öffentliche Klage verjährt ist;
4. wenn bereits ein rechtskräftiges Urteil über die Strafsache vorliegt;
5. wenn eine allgemeine Begnadigung ergangen ist;
6. wenn ein gesetzlicher Strafausschließungsgrund vorliegt.

---

[1]) Dafs also der Prozefs genügend vorbereitet ist.

§ 166. Wenn der Untersuchungsrichter die Strafsache für eine Übertretung hält, so soll er sie vor das Bezirksgericht verweisen und den Angeschuldigten, falls er sich in Haft befindet, in Freiheit setzen.

§ 167 (ist durch § 42 des Einführungsgesetzes zum Strafgesetzbuche abgeändert wie folgt): Glaubt der Untersuchungsrichter, daß das Gericht, dem er angehört, für die Strafsache zuständig sei, so soll er[1] die Eröffnung des Hauptverfahrens aussprechen.

Ist der Angeschuldigte in Haft und glaubt der Untersuchungsrichter, daß die Tat nur mit einer Geldstrafe bedroht sei, so verfügt er dessen Freilassung.

§ 168 ist durch § 51 des Einführungsgesetzes zum Strafgesetzbuche aufgehoben.

§ 169. Die Entscheidung auf Abschluß der Voruntersuchung wird tatsächlich und rechtlich begründet.

Im Falle der Unzuständigkeit soll der Richter den Grund dafür angeben, ebenfalls soll er den Grund anführen, wenn der Angeschuldigte in Haft genommen werden soll.

Bei der Befreiung vom Prozesse soll erwähnt werden, daß etwa die verfolgte Tat nicht den Tatbestand eines Deliktes enthält oder die öffentliche Klage nicht zulässig ist und warum, oder die Belastungsbeweise dieser Tat gegen den Angeschuldigten unzulänglich sind.

Falls der Untersuchungsrichter die Strafsache dem Bezirksgerichte übersendet oder die Eröffnung des Hauptverfahrens bei seinem Gerichte ausspricht, so soll er die Natur und Umstände der Straftat bestimmen und angeben, daß genügend Belastungsbeweise dieser Tat gegen den Angeschuldigten vorliegen und den Wortlaut des anzuwendenden Gesetzes anführen.

§ 170. Der Name des Angeschuldigten usw. wird in dieser Entscheidung bestimmt, wie es § 76 vorschreibt.

§ 171. Eine Ausfertigung der Entscheidung des Untersuchungsrichters, welche den Abschluß der Untersuchung verfügt, soll sofort dem Staatsanwalte und dem Angeschuldigten zugestellt werden.

§ 172 (durch das Einführungsgesetz zum Strafgesetzbuche § 43 verändert wie folgt): Der Staatsanwalt kann eine Beschwerde erheben gegen die Befreiung vom Prozesse oder den Ausspruch der Unzuständigkeit des Gerichtes.

§ 173 ist durch § 51 des Einführungsgesetzes zum Strafgesetzbuche aufgehoben, ebenso der 2. Satz des nächsten Paragraphen, so daß derselbe nunmehr lautet:

§ 174. Innerhalb der Frist für diese Beschwerde sowie wenn dieselbe erhoben worden ist, wird die Entscheidung über den Abschluß der Voruntersuchung nicht vollstreckt.

§ 175. Der Angeschuldigte, welcher nach Abschluß der Voruntersuchung vom Prozesse befreit worden ist, kann nach Rechtskraft

---

[1]) Zum Unterschiede von § 201 der deutschen StPO.

dieser Entscheidung wegen der gleichen Tat auch nicht unter Veränderung (des Deliktsnamens) der gesetzlichen Qualifikation neuerlich angeklagt werden, wenn nicht neue Beweise aufkommen.

In letzterem Falle soll der Staatsanwalt dem Gerichte, zu dem er gehört, solche Beweise mitteilen und dieses soll darüber entscheiden, ob neuerlich eine Klage erhoben werden soll oder nicht.

4. Buch.

Die Hauptverhandlung. (Kōhan: öffentliches Urteil.)

1. Kapitel.

Allgemeine Bestimmungen (tsūsoku).

§ 176. Die Hauptverhandlung soll in Gegenwart der Richter, des Staatsanwaltes und des Gerichtsschreibers stattfinden.

§ 177. In öffentlicher Sitzung darf der Beschuldigte nicht in Fesseln sein, doch kann er von Sicherheitswachen begleitet werden.

§ 178 ist durch das Gesetz Nr. 73 vom 23. März 1899 verändert wie folgt:

Gegen einen Angeklagten, der einer Straftat beschuldigt ist, die mit Gefängnis oder einer schwereren Strafe bedroht ist, kann der Vorsitzende jederzeit einen Vorführungsbefehl erlassen.

Das Gericht kann nach Einvernahme eines solchen[1]) Angeklagten jederzeit gegen diesen einen Haftbefehl erlassen.

§ 179. Der Angeklagte kann sich für die Verhandlungen vor Gericht einen Verteidiger nehmen.

Der Verteidiger soll aus den Rechtsanwälten, welche in einer Liste[2]) eingetragen sind, gewählt werden; ist die Erlaubnis des Gerichtes dazu gegeben worden, so kann auch eine andere Person, welche kein Rechtsanwalt ist, als Verteidiger genommen werden.

Durch das Gesetz Nr. 73 vom 23. März 1899 wird noch folgendes diesem Paragraphen beigefügt:

§ 179. II. Hat der Angeklagte sich nicht selbst einen Verteidiger genommen, so kann das Gericht über Antrag des Staatsanwaltes oder von Amtswegen ihm einen Verteidiger bestimmen:

1. wenn der Angeklagte noch nicht 15 Jahre alt ist;
2. wenn er eine weibliche Person ist;
3. wenn er taub oder stumm ist;
4. wenn er wahnsinnig ist oder über die Fülle seiner Geistesfähigkeiten ein Zweifel entsteht;
5. wenn das Gericht durch Umstände der Tat von der Notwendigkeit einer Verteidigung überzeugt ist.

---

[1]) Eines Angeklagten, der einer mit Gefängnis oder einer schwereren Strafe bedrohten Straftat beschuldigt ist.

[2]) Diese Liste befindet sich bei der Staatsanwaltschaft des Landgerichtes.

Ein solcher Verteidiger muß von Amtswegen aus der Liste der Rechtsanwälte vom Vorsitzenden ausgewählt werden; doch kann dieser durch einen Rechtsanwalt auch mehrere Mitangeklagte verteidigen lassen.

§ 180. Der Verteidiger kann bei Gericht in alle Prozeßakten Einsicht nehmen und von denselben Abschriften sich anfertigen.

§ 181. Der gesetzliche Vertreter des Angeklagten kann als sein Beistand an den Verhandlungen teilnehmen.

§ 182. Wenn der Angeklagte erschienen ist, aber nicht Rede steht, so wird er als gegenwärtig abgeurteilt.

Das gleiche ist der Fall, wenn der Angeklagte ein Hindernis den Verhandlungen in den Weg gelegt oder sich ungebührlich benommen hat und deshalb vom Vorsitzenden aus dem Verhandlungssaale entfernt worden ist oder auf Anordnung des Vorsitzenden in Haft gehalten wird. Dauern aber die Verhandlungen länger als einen Tag, so soll der Vorsitzende den Angeklagten (am nächsten Verhandlungstage) neuerlich erscheinen lassen.

§ 183. Wenn der Angeklagte wegen einer Geistes- oder körperlichen Krankheit nicht erscheinen kann, so wird die Verhandlung bis zu seiner Genesung aufgeschoben, es sei denn, daß er seinen Bevollmächtigten vor Gericht erscheinen läßt bei einer Straftat, die nur mit Geld- oder einer geringeren Strafe bedroht ist. Tritt Geisteskrankheit ein, nachdem die Verhandlungen bereits begonnen haben, so werden sie nach der Genesung wieder von neuem begonnen; bei einer anderen Krankheit werden die Verhandlungen nach der Heilung von dort an, wo sie gelassen worden sind, fortgesetzt. Doch wird die Verhandlung ganz von Neuem begonnen, wenn die Unterbrechung fünf Tage nach einander gedauert hat oder wenn der Staatsanwalt oder einer der sonstigen Prozeßbeteiligten es verlangen.

Ist die Strafsache in bezug auf die angeschuldigte Tat und die Gesetzesanwendung bereits spruchreif (und tritt dann erst eine Geistes- oder körperliche Krankheit des Angeklagten ein), so soll nach seiner Genesung ohne neuerliche Verhandlung das Urteil gefällt werden.

§ 184. Das Gericht darf nicht über eine Sache entscheiden, welche nicht bei ihm angeklagt worden ist, wenn dieselbe nicht mit der in der Klage bezeichneten Tat (Haupttat) im Zusammenhange steht und erst während der Hauptverhandlung zutage gekommen ist.

Wenn das Gericht für diese zusammenhängende Tat eine Voruntersuchung für notwendig hält, so kann es auch die Verhandlung über die Haupttat (also die ganze Verhandlung) verschieben.

§ 185. Als **zusammenhängende Straftaten** werden betrachtet:

1. Jene, die von Einem oder Mehreren gemeinsam zur gleichen Zeit am gleichen Orte begangen worden sind;
2. jene, die von Verschiedenen zu verschiedenen Zeiten an verschiedenen Orten nach einer gemeinsamen Verabredung begangen worden sind;

3. jene, die von derselben Person oder von andern begangen worden sind, um die Ausführung der andern Straftaten zu erleichtern oder für dieselbe die Strafe zu vermeiden.

§ 186. Der Staatsanwalt und der Angeklagte können im Laufe der Verhandlung bis zur Urteilsfällung in der Hauptsache in 1. oder 2. Instanz die Unzuständigkeit und die Unzulässigkeit der öffentlichen Klage [1]) behaupten.

Das Gericht kann auch von Amtswegen seine Unzuständigkeit oder die Unzulässigkeit der öffentlichen Klage aussprechen.

§ 187. Werden die im vorigen Paragraphen gestellten Anträge [2]) vom Gerichte verworfen, so können sofort, selbst vor der Urteilsfällung in der Hauptsache die Rechtsmittel der Berufung oder Revision ergriffen werden. In diesem Falle wird die Verhandlung in der Hauptsache unterbrochen.

§ 188. Die Gerichtspolizeibeamten, welche Protokolle aufgenommen haben, können vom Staatsanwalte, den sonstigen Prozeßbeteiligten oder auch durch das Gericht von Amtswegen als Zeugen vorgeladen werden.

§ 189. Zeugen oder Sachverständige, welche in der Voruntersuchung bereits gehört worden sind, können (zur Hauptverhandlung) neuerlich vorgeladen werden.

Die Verlesung der in der Voruntersuchung aufgenommenen Protokolle kann vom Staatsanwalte oder den andern Prozeßbeteiligten verlangt werden oder auch von Amtswegen durch den Vorsitzenden geschehen, wenn der Zeuge oder Sachverständige nicht vorgeladen worden oder ordnungsgemäß vorgeladen nicht erschienen oder selbst wenn sie erschienen sind, die Verlesung aber von Wert erscheint, um ihre Äußerungen in der Voruntersuchung und in der Hauptverhandlung vergleichen zu können.

§ 190. Die Bestimmungen der §§ 115 und folgende sollen für die Zeugen und die der §§ 135 und folgende für die Sachverständigen in der Hauptverhandlung entsprechend angewendet werden.

§ 191. Wenn ein Zeuge es glaubhaft macht, daß er wegen Krankheit oder eines andern gerechten Hinderungsgrundes nicht erscheinen könne, so kann das Gericht eines seiner Mitglieder beauftragen oder einen Bezirksrichter ersuchen, den Zeugen an dem Orte, wo er sich befindet, einzuvernehmen.

§ 192. Die Liste der Zeugen, welche auf Antrag des Staatsanwaltes, des Angeklagten oder des Privatanklägers vorgeladen werden, soll dem Gegner zugestellt werden und zwar einen Tag vor Einvernahme derselben.

§ 193. Die vorgeladenen Zeugen dürfen nicht mit einander sprechen, noch an den Verhandlungen teilnehmen, bis sie ihre Aussage gemacht haben; sie sollen nach ihrer Aussage im Verhandlungssaale bleiben, bis der Vorsitzende ihnen gestattet sich zu entfernen.

---

[1]) Durch Verjährung, ein rechtskräftiges Urteil usw.

[2]) Über die Unzuständigkeit oder die Unzulässigkeit der öffentlichen Klage.

§ 194. Zeugen und Angeklagter werden vom Vorsitzenden einvernommen Die beisitzenden Richter und der Staatsanwalt können Fragen an sie stellen, nachdem sie den Vorsitzenden ums Wort gebeten haben.

Die am Prozeß Beteiligten können den Vositzenden ersuchen, daß er an die Zeugen jene Fragen stelle, welche die zur Verhandlung notwendigen Umstände aufklären.

§ 195. Wenn das Gericht die Äußerungen eines Zeugen oder Sachverständigen für bewußt falsch hält und diese Tat mit Gefängnis- oder einer schwereren Strafe bedroht ist, so kann es auf Antrag des Staatsanwaltes, eines Prozeßbeteiligten oder von Amtswegen die Verhaftung des Zeugen veranlassen, einen Vorführungsbefehl ausstellen und ihn dem Untersuchungsrichter übergeben.

In diesem Falle werden die Äußerungen des Zeugen oder Sachverständigen vom Gerichtsschreiber zusammengefaßt und dem Untersuchungsrichter übergeben.

Dabei kann das Gericht auf Ansuchen des Staatsanwaltes, eines Prozeßbeteiligten oder von Amtswegen die Verhandlung der Hauptsache aufschieben.

§ 196. Wenn der Angeklagte taub oder stumm ist oder nicht Japanisch versteht, so soll gemäß den Bestimmungen der §§ 100 und 101 vorgegangen werden.

§ 197. Wenn das Gericht glaubt, daß die Gegenwart des Angeklagten die Einvernahme eines Zeugen beeinflussen könne, so kann es anordnen, daß sich der Angeklagte während der Einvernahme des Zeugen aus dem Verhandlungssaale entferne; wenn jedoch der Angeklagte, nachdem der Zeuge seine Aussage beendet hat, in den Verhandlungssaal wieder zurückgeführt worden ist, so soll der Vorsitzende ihn von dem, was ausgesagt wurde, verständigen.

Die Bestimmungen dieses Paragraphen sind auch auf die Mitangeklagten anwendbar.

§ 198. Nach Prüfung eines jeden Beweises[1]) soll der Vorsitzende den Angeklagten befragen, ob er sich diesbezüglich äußern wolle, überdies ihm erklären, daß er das Recht habe, die zu seinen Gunsten etwa sprechenden Beweise beizubringen.

Der Vorsitzende soll den Angeklagten auch auffordern, bezüglich der ihm vorgezeigten Beweisgegenstände sich zu äußern.

§ 199. Wenn im Laufe der Hauptverhandlung eine Einrede gegen den Gang des Verfahrens erhoben wird, so soll das Gericht nach Anhörung des Staatsanwaltes unverzüglich darüber entscheiden.

§ 200. Mit dem Urteile, welches über die öffentliche Klage entscheidet, wird das Gericht gleichzeitig über die Privatanklage entscheiden.

Jedoch kann das Gericht es unterlassen, über die Privatanklage zu entscheiden, wenn die Nachforschungen darüber noch nicht (beendet) vollständig sind.

---

[1]) shōhio = Beweise, wörtlich: shō Beweis, hio Anzeigung (Indizien) siehe § 90.

§ 201. Wenn der Angeklagte verurteilt worden ist, soll das Gericht ihn von Amtswegen überdies in die Kosten der öffentlichen Klage gänzlich oder teilweise verurteilen.

Wird der Angeklagte frei vom Prozesse oder freigesprochen, so wird der Staat die Kosten der öffentlichen Klage tragen.

Mit Rücksicht auf die Kosten der Privatanklage sollen die Bestimmungen der Zivilprozeßordnung angewendet werden.

§ 202. Wenn beschlagnahmte Gegenstände der Einziehung nicht unterliegen, so soll das Gericht auch im Falle eines Freispruches die Rückstellung derselben an den Besitzer verfügen, selbst wenn derselbe es nicht verlangt haben sollte.

(Durch das Gesetz Nr. 73 vom 23. März 1899 wurde § 203 Abs. 1 verändert wie folgt):

§ 203. Spricht das Gericht eine Verurteilung aus, so soll es den Tatbestand der strafbaren Handlung angeben, denselben durch alle Beweise bestätigen, die Gesetzesanwendung anführen und begründen.

Ebenso soll eine Begründung erfolgen, wenn der Angeklagte freigesprochen oder frei vom Prozesse wird.

§ 204. Das Urteil soll sogleich nach Schluß der Verhandlung oder am nächsten Sitzungstage verkündet werden.

Die Urteilsverkündigung geschieht durch Verlesung des Urteilstenors. Gleichzeitig mit der Urteilsverkündigung soll auch die Begründung des Urteils vorgelesen oder mündlich kurz zusammengefaßt werden.

§ 205. Im Urteile (in der Urschrift des Urteiles) sollen angeführt sein: Das Gericht, welches das Urteil gefällt, hat überdies Jahr, Monat und Tag der Urteilsfällung, Amtstitel[1]) und Name des Staatsanwaltes, welcher mitgewirkt hat; Richter sowie Gerichtsschreiber sollen es unterschreiben und siegeln.

§ 206. Die Prozeßbeteiligten können auf ihre Kosten vom Gericht eine Ausfertigung, Abschrift oder einen Auszug des Urteils verlangen, die ihnen auf ihr Verlangen vom Gerichtsschreiber in 24 Stunden geliefert werden müssen, wenn diese Bitte, um ein Rechtsmittel zu ergreifen, gestellt worden ist.

§ 207. Im Falle einer Verurteilung in Gegenwart des Angeklagten soll der Vorsitzende ihn über das im vorigen Paragraphen erwähnte Verlangen belehren, ebenso über die ihm gegen das Urteil zustehenden Rechtsmittel und die Frist zur Ergreifung dieser Rechtsmittel. Ein Versäumnisurteil, welches eine Strafe ausgesprochen hat, soll auch die Möglichkeit des Einspruches gegen dasselbe und die Frist dafür enthalten.

Ist diese mündliche oder schriftliche Bekanntgabe unterblieben, so soll die Frist für das Rechtsmittel oder den Einspruch so lange nicht laufen, bis davon die Mitteilung gemacht worden ist.

---

[1]) Nur der Amtstitel, kein anderer ist notwendig.

§ 208. Der Gerichtsschreiber soll ein Verhandlungsprotokoll über alles, was sich im Laufe des Verfahrens ereignet, führen und darin besonders folgendes aufnehmen:

1. ob die Verhandlung öffentlich geführt oder die Öffentlichkeit ausgeschlossen worden ist und die Begründung der letzteren Maßnahme;
2. die Fragen an den Angeklagten und seine Antworten;
3. die Äußerungen der Zeugen und Sachverständigen, ob dieselben beeidet worden sind oder nicht und die Ursache, warum nicht;
4. die Beweisgegenstände;
5. die Einreden, welche während der Hauptverhandlung erhoben worden sind, die Äußerungen des Staatsanwaltes und der sonstigen Prozeßbeteiligten sowie die Entscheidungen des Gerichtes über diese Einreden;
6. die Reihenfolge des Wortstreites (der Beteiligung am Prozesse) und den Umstand, daß der Angeklagte als Letzter das Wort ergreifen konnte.

§ 209. Im Verhandlungsprotokoll soll überdies das Gericht, welches das Urteil fällt, Jahr, Monat und Tag der Urteilsfällung, Amtstitel und Namen des Vorsitzenden, der Beisitzer und des Staatsanwaltes, sowie des Gerichtsschreibers angeführt sein.

Wenn eine Verhandlung mehrere Tage dauert, so soll dies erwähnt sein, sowie der Umstand, daß bei jeder Sitzung die gleichen Richter anwesend gewesen sind.

Ist ein Ersatzrichter im Laufe der Verhandlungen beigezogen worden, so soll dies erwähnt werden.

§ 210. Das Verhandlungsprotokoll soll innerhalb von 3 Tagen nach der Urteilsverkündigung verfaßt und vom Vorsitzenden und Gerichtsschreiber unterschrieben und gesiegelt werden.

Der Vorsitzende soll vor Beisetzung seiner Unterschrift und des Siegels das Protokoll prüfen, und falls er Bemerkungen zu machen hat, an der Seite beifügen.

§ 211. Die Urschrift des Urteils und des Verhandlungsprotokolls wird mit den Prozeßakten zusammen bei dem Gerichte, welches das Urteil gefällt hat, aufbewahrt. Im Falle der Ergreifung eines Rechtsmittels werden sie an das Gericht gesendet, welches über das Rechtsmittel zu entscheiden hat.

2. Kapitel.

Die Hauptverhandlung bei dem Bezirksgerichte.

(Kusaibansho kōhan).

§ 212. Das Bezirksgericht beschäftigt sich bei den zu seiner Zuständigkeit gehörigen Vergehen und Übertretungen mit einer öffentlichen Klage:

1. wenn der Staatsanwalt die Klage erhoben hat;

2. wenn eine Strafsache durch die Entscheidung des Untersuchungsrichters oder eines höheren Gerichtes ihm zugewiesen ist.

§ 213. In allen Fällen soll der Staatsanwalt das Gericht veranlassen, daß dem Angeklagten eine Vorladung zugestellt werde.

Das Gericht wird den Gerichtsschreiber mit der Ausstellung dieser Vorladung betrauen.

§ 214. Diese Vorladung soll den Namen, Wohnort und Beruf des Vorgeladenen, Tag, Stunde und Ort seines Erscheinens, sowie die Strafsache enthalten und wenn es sich nur um eine Übertretung oder ein nur mit Geldstrafe bedrohtes Vergehen handelt, die Erwähnung, daß für den Vorgeladenen ein Stellvertreter bei Gericht erscheinen kann.

Wenn die Strafsache in der Vorladung nicht erwähnt und der Angeklagte in dieser Sache noch nicht einvernommen worden ist, so kann er die Gewährung einer Frist von 2 Tagen zur Vorbereitung seiner Verteidigung verlangen.

§ 215. Der Zeitraum zwischen der Zustellung der Vorladung und dem Erscheinen vor Gericht soll wenigstens zwei Tage betragen.

§ 216. In einer Strafsache, in welcher keine Voruntersuchung stattgefunden hat, kann im Dringlichkeitsfalle der Richter vor Beginn der Hauptverhandlung einen Augenschein vornehmen, wozu weder der Staatsanwalt noch sonstige Prozesbeteiligte zugezogen werden brauchen.

§ 217. Den Zeugen soll ein Zeitraum von wenigstens 24 Stunden zwischen der Zustellung der Vorladung und dem Erscheinen vor Gericht gewährt werden. Das Gericht kann auch Personen, welche ohne Vorladung erschienen sind, wenn keine Einrede dagegen erhoben wird, als Zeugen einvernehmen.

§ 218. Zu Beginn der Hauptverhandlung soll der Richter den Angeklagten nach Namen, Alter, Stand, Beruf, Wohn- und Geburtsort befragen.

Die Strafsache soll sodann vom Staatsanwalte vorgetragen werden.

§ 219. Der Richter soll sonach den Angeklagten über die Strafsache einvernehmen.

Die notwendigen Protokolle und beweismachenden Urkunden soll der Richter vom Gerichtsschreiber verlesen lassen; der Richter wird dann die Zeugen einvernehmen und alle anderen Beweismittel prüfen.

Beim Geständnisse des Angeklagten werden keine weiteren Beweise herbeigeschafft, wenn nicht der Staatsanwalt oder Privatankläger dagegen Einrede erheben.

§ 220. Nachdem die Prüfung der Beweise beendet ist, soll der Staatsanwalt seine Meinung über die Tat und die Gesetzesanwendung abgeben.

Der Angeklagte und sein Verteidiger können darauf ausführlich antworten.

Der Staatsanwalt, Angeklagte und Verteidiger dürfen abwechselnd vor Gericht sprechen, und sollen der Angeklagte oder sein Verteidiger das letzte Wort haben.

§ 221. Wenn die Hauptverhandlung über die öffentliche Klage beendet ist, wird der Privatankläger zu Worte kommen, um die Tat, welche ihm Schaden verursacht hat, zu beweisen über seine privatrechtlichen Ansprüche seine Erklärungen abzugeben.

Der Angeklagte, sein Verteidiger und die privatrechtlich verantwortlichen Personen können darauf antworten.

§ 222. Wenn sich das Gericht für unzuständig erachtet, so soll es durch Urteil seine Unzuständigkeit aussprechen. Befindet sich der Angeklagte in Haft, so soll dieselbe aufgehoben werden.

Wenn jedoch in einem solchen Falle der Richter die Haft für notwendig erachtet, so soll der (bereits ergangene) Haftbefehl aufrecht erhalten bleiben oder ein neuer ausgestellt und die Strafsache dem Staatsanwalte übergeben werden.

§ 223. Wenn die Strafsache (die dem Angeklagten zur Last gelegte Tat) zur Zuständigkeit des Gerichtes gehört und hinlänglich bewiesen ist, so soll durch das Urteil die Strafe nach dem Gesetze ausgesprochen werden.

§ 224. Wenn die Beweise für die Straftat nicht vollständig sind oder die Tat kein Delikt darstellt, so soll ein Freispruch erfolgen. Der Angeklagte wird in den unter Nr. 3 und folgende des § 165 angeführten Fällen frei vom Prozesse.

§ 225. In den in den vorhergehenden zwei Paragraphen angeführten Fällen soll auch über die Privatanklage, welcher Höhe immer der Anspruch sei, durch Urteil entschieden werden.

§ 226. Wenn der Angeklagte oder dessen Bevollmächtigter bei einer Straftat, welche nur mit Geld- oder einer geringeren Strafe bedroht ist, trotz gehöriger Vorladung zum bestimmten Termine nicht erscheinen, so soll nach Anhörung des Staatsanwaltes ein Versäumnisurteil gefällt werden.

Sind bei einer Privatanklage die Beteiligten [1]) nicht erschienen, so wird gemäß den Bestimmungen der Zivilprozeßordnung ein Versäumnisurteil gefällt.

§ 227. Handelt es sich um eine mit Gefängnis bedrohte Strafsache, so kann kein Versäumnisurteil gefällt werden, selbst wenn der Angeklagte zur Hauptverhandlung nicht erschienen ist, falls nicht etwa der Beweis vorliegt, daß dem Angeklagten persönlich die Entscheidung des Abschlusses der Voruntersuchung oder die Vorladung zur Hauptverhandlung zugestellt worden ist.

Ist es nicht möglich, diese Urkunden dem Angeklagten persönlich zuzustellen, so soll ihm das Gericht eine Frist zum Erscheinen

---

[1]) Kläger, Beklagter, privatrechtlich verantwortliche Person.

(gewähren) bestimmen und den Verwandten, Verschwägerten, dem Vorsteher seiner Zuständigkeitsgemeinde oder dem seines letzten Aufenthaltsortes schriftlich bekanntgeben, daß der Angeklagte in seiner Abwesenheit verurteilt wird, wenn er sich in dieser Frist nicht stellt. Ist der Ort seiner Zuständigkeit und seines letzten Aufenthaltes unbekannt, so soll die gleiche Bekanntgabe an der Gerichtstafel öffentlich angeheftet werden und auf derselben wenigstens einen Monat bleiben.

§ 228. Das Versäumnisurteil wird dem Nichterschienenen auf Verlangen des Staatsanwaltes oder der andern Prozeßbeteiligten zugestellt.

Der Nichterschienene kann gegen das Versäumnisurteil Einspruch erheben.

§ 229. Die Frist für den Einspruch beträgt 3 Tage; sie beginnt bei einem Urteile, das eine Geld- oder geringere Strafe ausspricht, sowie bezüglich der privatrechtlichen Verurteilung vom Tage der Zustellung des Versäumnisurteils und bei einem Urteile, das eine Gefängnisstrafe ausspricht, vom Tage, da das Urteil den Angeklagten persönlich zugestellt worden ist oder derselbe durch eine Vollstreckungshandlung Kenntnis von der Verurteilung erhalten hat.

§ 230. Um den Einspruch zu erheben, muß eine schriftliche Erklärung bei dem Gerichte, welches das Versäumnisurteil gefällt hat, abgegeben werden.

§ 231. Das Gericht soll dem Gegner mitteilen, daß Einspruch erhoben worden ist, sodann einen Termin für die Hauptverhandlung bestimmen und die Prozeßbeteiligten hierzu vorladen.

§ 232. Das Gericht soll von Amtswegen prüfen, ob der Einspruch zulässig oder nicht und ob er in der gesetzlichen Frist erhoben worden ist; fehlt eine dieser Bedingungen, so wird der Einspruch durch Urteil verworfen.

§ 233. Wird der Einspruch als zulässig erkannt, so greift der gewöhnliche Gang des Verfahrens ein.

Erscheint in diesem Falle derjenige, welcher den Einspruch erhoben hat, neuerlich nicht, so steht ihm nicht mehr das Recht des Einspruches zu.

§ 234. Die Bestimmungen der §§ 247 und 248 sind auch auf den Einspruch gegen ein Versäumnisurteil entsprechend anzuwenden.

3. Kapitel.

Die Hauptverhandlung beim Landgerichte.

(Chihōsaibansho kōhan.)

§ 235. Das Landgericht beschäftigt sich bei den zu seiner Zuständigkeit gehörigen Verbrechen und Vergehen mit einer öffentlichen Klage, welche durch die Entscheidung des Untersuchungsrichters oder eines höheren Gerichtes ihm zugewiesen ist.

Bei Vergehen nimmt das Landgericht auch die öffentliche Klage an, welche der Staatsanwalt erhoben hat.

Durch § 44 des Einführungsgesetzes zum Strafgesetzbuche ist § 236 verändert wie folgt: Für alle Fälle, für welche in diesem Kapitel keine besonderen Bestimmungen enthalten sind, sind die Bestimmungen des vorigen Kapitels auch auf die Hauptverhandlung beim Landgerichte anwendbar.

§ 237. Handelt es sich um ein Verbrechen, so soll der Vorsitzende oder ein von ihm beauftragter Richter unter Mitwirkung des Gerichtsschreibers den Angeklagten vor der Hauptverhandlung verhören und ihn befragen, ob er sich einen Verteidiger nimmt oder nicht.

Nimmt er sich keinen Verteidiger, so soll der Vorsitzende ihm einen solchen aus der Advokatenliste[1]) des Gerichtes bestimmen; er kann auch einen Rechtsanwalt für mehrere Mitangeklagte bestimmen, wenn dagegen keine Einwendungen von Seiten eines Angeklagten oder des Rechtsanwaltes gemacht werden.

Der Gerichtsschreiber soll für die durch diesen Paragraphen erforderliche Einvernahme ein besonderes Protokoll ausfertigen.

§ 238. Wenn das Gericht es zur Erforschung der Wahrheit für notwendig erachtet, so kann es auf Verlangen des Staatsanwaltes, eines andern Prozeßbeteiligten oder von Amtswegen einen Richter beauftragen, sich zur Aufnahme eines Augenscheines an den Tatort zu begeben und darüber einen Bericht zu verfassen.

§ 239. Das Geständnis des Beschuldigten wird das Gericht von der Prüfung der Beweise nicht befreien.[2])

§ 240. Auch wenn das Gericht glaubt, daß die Strafsache zur Zuständigkeit des Bezirksgerichtes gehört, wird es ein Urteil erster Instanz fällen.

Das Gleiche gilt für die Privatanklage, wenn sie nach der Höhe der Forderung beim Bezirksgerichte zivilrechtlich zuständig wäre.

§ 241 (ist durch § 55 des Einführungsgesetzes zum Strafgesetzbuche verändert wie folgt):

Hält aber das Gericht eine Strafsache, welche als Vergehen aufgenommen wurde, für ein Verbrechen oder verlangt der Staatsanwalt die Verfolgung einer solchen Tat als Verbrechen, so soll das Gericht durch Beschluß die Strafsache einem Untersuchungsrichter zuweisen.

Ist der Strafsache eine Untersuchung bereits vorausgegangen, so soll das Gericht die Hauptverhandlung verschieben und einen Richter beauftragen, die Sache zu untersuchen und einen Bericht darüber zu verfassen.

Der beauftragte Richter kann alle Maßnahmen ergreifen wie ein Untersuchungsrichter.

---

[1]) § 179, Anmerkung 1.

[2]) Siehe §§ 90 und 219[3].

5. Buch.

Die Rechtsmittel (jōsō).

1. Kapitel.

Allgemeine Bestimmungen (tsīsoku).

§ 242. Der Staatsanwalt und die andern Prozeßbeteiligten können die durch das Gesetz eingeräumten Rechtsmittel ergreifen.

Der Staatsanwalt kann die Rechtsmittel auch zum Vorteil des Verurteilten ergreifen.

§ 243. Der Verteidiger kann in Vertretung des Verurteilten ein Rechtsmittel ergreifen, doch darf er nicht gegen dessen ausdrücklichen Willen handeln.

§ 244. Der gesetzliche Vertreter des Verurteilten kann eigenmächtig (selbständig) für denselben die Rechtsmittel ergreifen.

§ 245. Ergreift ein in Haft befindlicher Verurteilter ein Rechtsmittel, so soll er den schriftlichen Antrag dem Leiter der Gefangenanstalt übergeben, welcher ihn dem Gerichte übersendet.

§ 246. Jedermann, mit Ausnahme des Staatsanwaltes, der ein Rechtsmittel ergreift, kann bis zur Urteilsfällung über dieses Rechtsmittel davon abstehen.

§ 247. Die Prozeßbeteiligten können gegen den Verlust ihres Rechtes, welcher durch den Ablauf der für die verschiedenen Rechtsmittel festgesetzten Fristen entstanden ist, wieder in den vorigen Stand gesetzt werden, wenn sie glaubhaft machen, daß sie durch vis major oder andere unvermeidliche Hindernisse an der Ergreifung ihrer Rechtsmittel in dieser Frist gestört worden sind. In diesem Falle soll das Rechtsmittel in der gesetzlichen Frist eingebracht werden, welche vom Schwinden dieses Hindernisses an läuft; in der Eingabe sollen die Tatsachen erwähnt werden, welche als Mittel zur Glaubhaftmachung des Hinderungsgrundes dienen.

§ 248. Wenn das im vorigen Paragraph erwähnte Ansuchen übergeben worden ist, so soll es der Gerichtsschreiber unverzüglich dem Gegner zustellen, welcher darauf innerhalb von 3 Tage mit einer schriftlichen Eingabe antworten kann.

Das Gericht, welches über das Rechtsmittel zu entscheiden hat, soll zuerst über die Zulässigkeit des Ansuchens nach Anhörung des Staatsanwaltes beschließen.

§ 249. Nach Abschluß des Rechtsmittelverfahrens sollen die Prozeßakten mit einer Abschrift des Urteils der Rechtsmittelinstanz an das Gericht zurückgesendet werden, welches in erster Instanz entschieden hat.

2. Kapitel.

Die Berufung. (kōso).

§ 250. Die Berufung kann gegen Urteile in der Hauptsache eingelegt werden, welche in erster Instanz von Bezirks- und Landgerichten gefällt sind, sowie gegen Urteile, welche der Entscheidung in der Hauptsache vorangegangen sind, wie es § 187 bestimmt.

§ 251. Die Berufung kann sich auch auf einen Teil des Urteils beschränken; ist diese Beschränkung nicht ausgedrückt, so gilt die Berufung als gegen das ganze Urteil eingelegt.

§ 252. Zur Einlegung der Berufung beträgt die Frist 5 Tage nach Verkündigung des Urteils.

Derjenige, gegen den ein Versäumnisurteil gefällt worden ist, kann schon während der zur Erhebung des Einspruches gewährten Frist ohne denselben sofort die Berufung einlegen.

§ 253. Die Berufungsfrist gegen ein Urteil in der Hauptsache sowie die eingebrachte Berufung verschieben die Vollstreckbarkeit des Urteils.[1])

§ 254. Die Berufung wird eingelegt durch eine schriftliche Eingabe bei jenem Gerichte, welches das Urteil gefällt hat.

Das Gericht soll den Gegner so bald als möglich von der Einlegung der Berufung verständigen.

§ 255. Das Gericht, welches das Urteil gefällt hat, muß die nach Ablauf der gesetzlichen Frist eingelegte Berufung durch Beschluß verwerfen; gegen diesen Beschluß ist eine Beschwerde[2]) zulässig.

§ 256. Der Staatsanwalt soll die Prozeßakten dem Staatsanwalte beim Berufungsgerichte übersenden, welcher sie dem Gerichte übergibt.

Ist die Berufung gegen ein Urteil eingelegt, das auf Grund einer öffentlichen Klage gefällt worden ist, und befindet sich der Verurteilte in Haft, so soll der Staatsanwalt ihn in die Gefangenenanstalt des Berufungsgerichtes überstellen lassen.

§ 257. Das Berufungsgericht soll die Prozeßbeteiligten vorladen und sodann die Hauptverhandlung beginnen. Zwischen der Zustellung der Vorladung und dem Tage des Erscheinens vor Gericht sollen mindestens zwei Tage liegen.

§ 258. Die Bestimmungen über die Hauptverhandlung beim Landgerichte als erste Instanz finden für die Hauptverhandlung beim Berufungsgerichte Anwendung.

Das Berufungsgericht braucht Zeugen und Sachverständige, welche in erster Instanz gehört worden sind, nicht wiederum vorladen, wenn ihm eine neuerliche Einvernahme derselben zur Klärung des Sachverhaltes nicht notwendig erscheint.

§ 259. Der Gegner kann auch noch in jedem Stande des Prozesses bis zur Fällung des Berufungsurteils die Nebenberufung[3]) einlegen.

Auch der Staatsanwalt beim Berufungsgerichte kann noch die Nebenberufung einlegen.

---

[1]) Vergleiche § 272.

[2]) Dieselbe geht an das übergeordnete Gericht.

[3]) fütai kösö.

§ 260. Das Berufungsgericht soll untersuchen, ob die Berufung innerhalb der gesetzlichen Frist eingelegt worden ist und soll dieselbe, falls sie verspätet eingelegt wurde, durch Urteil als unzulässig verwerfen.

§ 261. Hält das Berufungsgericht die Berufung für unbegründet, so soll es dieselbe mit Urteil zurückweisen, andernfalls in der Strafsache nach Aufhebung des ersten Urteiles neuerlich ein Urteil fällen.

§ 262. Ist das Gericht, welches in erster Instanz entschieden hat für unzuständig erkannt worden, so soll das Berufungsgericht das erste Urteil aufheben. Hält es in diesem Falle die Haft des Angeklagten für nötig, so soll es einen früheren Haftbefehl in Kraft belassen oder einen neuen gegen ihn ausstellen und die Strafsache dem Staatsanwalte übergeben.

Wenn das Gericht erster Instanz, mit Unrecht seine Unzuständigkeit erklärt hat, so soll das Berufungsgericht nach Aufhebung dieses Urteiles [1]) die Strafsache neuerlich diesem Gerichte zurückweisen.

§ 263. Ist im Falle des 1. Absatzes des vorigen Paragraphen die Berufung beim Landgerichte eingelegt worden und dieses Gericht auch für die Entscheidung in erster Instanz zuständig, so soll dasselbe in der Strafsache durch Urteil entscheiden. Ist die Tat aber ein Verbrechen, so soll gemäß den Bestimmungen des § 241 vorgegangen werden.

§ 264 ist durch § 46 des Einführungsgesetzes zum Strafgesetzbuche verändert wie folgt:

Hält der Berufungsgerichtshof (das Oberlandesgericht) die Tat, welche vom Landgerichte als Vergehen abgeurteilt worden ist, für ein Verbrechen, oder ist sie bei ihm in der Haupt- oder Nebenberufung als Verbrechen verfolgt worden, so wird das Berufungsgericht die Hauptverhandlung aufschieben und einen Richter beauftragen, die erwähnte Sache zu untersuchen und einen Bericht darüber zu verfassen.

Der beauftragte Richter kann alle Maßnahmen ergreifen wie ein Untersuchungsrichter.

Hat in einem solchen Falle der Angeklagte sich keinen Verteidiger genommen, so soll ihm der Vorsitzende gemäß Absatz 2 des § 237 einen solchen von Amtswegen bestimmen.

§ 265. Wenn der Angeklagte, sein Verteidiger oder sein gesetzlicher Vertreter die Berufung eingelegt haben, so kann das erstrichterliche Urteil nicht zum Nachteile des Angeklagten verändert werden.

Das gleiche gilt für die Berufung, die vom Staatsanwalte zu Gunsten des Angeklagten eingelegt worden ist.

---

[1]) Womit die Unzuständigkeit gemäfs § 186 ausgesprochen worden ist.

§ 266. Ist der Berufungswerber[1]) nicht erschienen, so soll die Berufung durch Versäumnisurteil verworfen werden; ist der Gegner nicht erschienen, so wird nach Anhörung des Berufungswerbers ein Versäumnisurteil gefällt.

3. Kapitel.

Revision (Jōkokū).

§ 267. Die Revision findet statt gegen Urteile in der Hauptsache, welche in 2. Instanz vom Landgerichte oder Oberlandesgerichte gefällt worden sind und gegen Urteile, die der Entscheidung in der Hauptsache gemäß § 187 dieses Gesetzes vorangegangen sind.

§ 268. Die Revision kann lediglich auf eine Gesetzesverletzung gestützt werden.

Eine Gesetzesverletzung liegt vor, wenn eine Rechtsnorm nicht oder nicht richtig angewendet worden ist.

§ 269. Ein Urteil wird stets als eine Gesetzesverletzung betrachtet:

1. Wenn das erkennende Gericht nicht vorschriftsmäßig besetzt war;
2. wenn bei dem Urteile ein Richter mitgewirkt hat, welcher von der Ausübung des Richteramtes kraft Gesetzes ausgeschlossen war; wurde aber bereits ein Antrag auf Ablehnung oder ein Rechtsmittel (eine Beschwerde) eingebracht, worin die Ursache der Ausschließung geltend gemacht worden ist, dies jedoch für unbegründet erklärt, so kann dieser Umstand als Revisionsgrund nicht mehr geltend gemacht werden;
3. wenn bei dem Urteile ein Richter mitgewirkt hat, nachdem das Ablehnungsgesuch für begründet erklärt worden war;
4. wenn das Gericht seine Zuständigkeit oder Unzuständigkeit mit Unrecht angenommen hat;
5. wenn die öffentliche Klage gesetzwidrig aufgenommen worden ist oder nicht;
6. wenn der Staatsanwalt vom Gerichte nicht gehört worden ist, obwohl im bestimmten Falle das Gesetz es vorschreibt;
7. wenn das Gericht es unterlassen hat, über eine angeklagte[2]) Sache zu entscheiden oder über eine nicht angeklagte Sache entschieden hat, mit Ausnahme der Fälle, in welchen es (nach dem Gesetze) von Amtswegen vorgehen kann;[3])
8. wenn die Urteilsverkündung nicht öffentlich stattgefunden hat, oder die Hauptverhandlung, daß der Ausschluß der Öffentlichkeit ausgesprochen worden wäre;

---

[1]) In § 360 deutsche StPO. „Beschwerdeführer“ genannt.
[2]) Vom öffentlichen oder Privatankläger.
[3]) Die zusammenhängenden Strafsachen der §§ 184 und 185.

9. wenn das Urteil keine oder widersprechende Entscheidungsgründe enthält;
10. wenn ein Irrtum in der Anwendung des Gesetzes vorliegt.

§ 270. Befreiung vom Prozesse und Freispruch können durch die Revision niemals mit der Begründung angefochten werden, daß Rechtsnormen verletzt wurden, welche zugunsten des Angeklagten gegeben sind, noch mit der Begründung der örtlichen Unzuständigkeit.

§ 271. Die Frist zur Einlegung der Revision beträgt drei Tage von der Verkündigung des Urteiles an.

§ 272. Die Revisionsfrist gegen ein Urteil der Hauptsache, sowie die eingebrachte Revision verschieben die Vollstreckbarkeit des Urteiles mit Ausnahme der Verhaftung und der Setzung in Freiheit.[1])

Die §§ 273—285 sind durch Gesetz No. 61 vom Jahre 1908 verändert wie folgt:

§ 273. Die Revision wird eingelegt durch eine schriftliche Erklärung bei Gericht, dessen Urteil angefochten wird. Dieses Gericht soll so bald wie möglich nach Empfang des schriftlichen Revisionsantrages eine Abschrift davon dem Prozeßgegner zustellen.

§ 274. Ist die Revision gegen die gesetzlichen Formvorschriften oder verspätet eingelegt worden, so soll das Gericht, dessen Urteil angefochten wird, sie durch Beschluß verwerfen.

Gegen diesen Beschluß kann die Beschwerde eingebracht werden[2]).

§ 275. Ist der Revisionsantrag (der Zeit und Form nach) rechtmäßig eingebracht worden, so soll das Gericht, dessen Urteil angefochten wird, alle Prozeßakten dem Staatsanwalte bei diesem Gerichte übergeben, welcher sie an den Staatsanwalt des Revisionsgerichtes übersenden wird.

Dieser Staatsanwalt wird die Prozeßakten dem Revisionsgerichte übergeben.

§ 276. Falls die Revision durch einen wegen eines Verbrechens Verurteilten eingelegt worden ist oder durch den Staatsanwalt, welcher behauptet, daß die Tat als Verbrechen hätte bestraft werden sollen, so soll ihm, wenn der Verurteilte keinen Rechtsanwalt hat, ein solcher durch den Präsidenten des Revisionsgerichtes bestimmt werden und zwar von den Rechtsanwälten am Orte des Revisionsgerichtes[3]).

§ 277. Das Revisionsgericht soll wenigstens 35 Tage vor dem ersten Termin zur Hauptverhandlung dem Antragsteller (demjenigen, der die Revision eingelegt hat) sowie dessen Gegner diesen Termin bekanntgeben. Haben aber dieselben vor dem 1. Termin zur Hauptverhandlung einen Rechtsanwalt[4]), so soll diesem[5]) die Vorladung

[1]) Vergleiche § 253.
[2]) Die Entscheidung des Revisionsgerichtes wird dadurch verlangt.
[3]) Beim Revisionsgericht gibt es keine Advokatenliste.
[4]) Entweder sich selbst genommen oder vom Gericht bestimmt bekommen.
[5]) Und zwar nur diesem Rechtsanwalte, nicht mehr dem Antragsteller selbst oder dessen Gegner.

für den erwähnten Termin wenigstens 35 Tage vor der Hauptverhandlung zugestellt werden.

§ 278. Der Antragsteller (derjenige, der die Revision eingelegt hat) soll spätestens 15 Tage vor dem ersten Termin für die Hauptverhandlung im Revisionsverfahren dem Revisionsgerichte die schriftliche Begründung seines Antrages übergeben.

§ 279. Der Gegner im Revisionsprozesse kann in dieser im vorigen Paragraphen bestimmten Frist ebenfalls die Revision ergreifen.

Die im 1. Absatz dieses Paragraphen erwähnte Revision wird durch die Einbringung der schriftlichen Begründung für dieselbe beim Revisionsgerichte eingelegt.

§ 280. Wenn das Revisionsgericht die schriftliche Begründung der Revision erhalten hat, so soll es eine Abschrift dieser Begründung so bald als möglich dem Revisionsgegner zustellen.

§ 281. Der Revisionsgegner kann innerhalb 5 Tagen nach Empfang der Abschrift der Revisionsbegründung dem Revisionsgerichte seine schriftliche Erwiderung darauf übergeben.

Das Revisionsgericht soll so bald als möglich eine Abschrift dieser etwaigen Erwiderung dem Antragsteller zustellen.

§ 282. Der Vorsitzende kann einen Richter beauftragen, welcher die schriftliche Begründung und Erwiderung prüfen und darüber einen schriftlichen Bericht erstatten soll.

§ 283. Im Revisionsverfahren soll derjenige, der nicht Staatsanwalt ist, wenn er in der Hauptverhandlung zu Worte kommen will, sich einen Rechtsanwalt nehmen.

Vor Beginn des Wortstreites soll der beauftragte Richter seinen Bericht vorlesen.

Staats- und Rechtsanwalt sollen bei ihren mündlichen Ausführungen sich an die schriftliche Revisionsbegründung halten.

Bei einer Privatanklage im Revisionsverfahren soll der Staatsanwalt als letzter seine Ansicht äußern.

§ 284. Wenn der Revisionsanträger oder Gegner keinen Rechtsanwalt bestimmt haben, so soll das Urteil dennoch ohne weiteres gefällt werden.

§ 285. Die Revision soll durch Urteil verworfen werden:

1. wenn der Revisionsantrag nicht in der gesetzlichen Form oder nach Ablauf der Revisionsfrist eingebracht worden ist;
2. wenn innerhalb der vorgeschriebenen Frist die schriftliche Begründung nicht übergeben worden ist;
3. wenn die Revision keine rechtliche Grundlage hat.

§ 286. Wenn die Revision für begründet erachtet wird, so soll das Urteil, so weit es angefochten ist, aufgehoben und die Strafsache mit Ausnahme der in den beiden folgenden Paragraphen bestimmten Fälle an ein anderes Gericht verwiesen werden.

§ 287. Erfolgt die Aufhebung des Urteils wegen eines Irrtums in der Anwendung des Gesetzes oder weil die öffentliche Klage ungesetzlich aufgenommen worden ist, so soll das Revisionsgericht sofort in der Sache selbst entscheiden, ohne die Strafsache an ein anderes Gericht zu verweisen.

§ 288. Sind Prozeßvorschriften über das Hauptverfahren verletzt worden, ohne daß dies auf das nachfolgende Verfahren von Einfluß gewesen wäre, so soll das Revisionsgericht nur dieses angefochtene Verfahren aufheben, ohne die Sache an ein anderes Gericht zu verweisen.

§ 289. Wenn durch die Revision ein Teil des Urteils angefochten wird und dieser Teil auch andere beeinflußt, so sollen auch diese anderen Teile vom Gericht aufgehoben werden.

Ist das Urteil aufgehoben worden wegen irrtümlicher Gesetzesanwendung oder weil die öffentliche Klage ungesetzlich aufgenommen worden ist, so erstreckt sich der Vorteil dieser Aufhebung auch auf die Mitverurteilten, welche die Revision nicht eingelegt haben.

§ 290. Verweist das Revisionsgericht eine Strafsache, deren Urteil es aufgehoben hat, an ein anderes Gericht, so soll es das dem ursprünglichen Gerichte nächstgelegene der gleichen Ordnung bestimmen. Wenn es sich aber nur um eine Privatanklage[1]) handelt, so soll dieselbe an die Zivilkammer desselben Gerichtes verwiesen werden.

§ 291. Die Bestimmungen des § 265 sind auf die Revision entsprechend anwendbar.

§ 292. Wenn das Gericht in erster oder zweiter Instanz ein Urteil gefällt hat, welches eine Strafe ausspricht für eine Tat, die gesetzlich nicht strafbar ist, oder eine schwerere Strafe als die gesetzliche und dieses Urteil Rechtskraft erhalten hat, ohne daß in der vorgeschriebenen Frist ein Rechtsmittel ergriffen worden wäre, so kann der Staatsanwalt beim Revisionsgerichte jederzeit auf Anordnung des Justizministers oder von Amtswegen dieses Urteil bei seinem Gerichte durch eine außerordentliche Revision anfechten.

Wird diese außerordentliche Revision für begründet erachtet, so soll das angefochtene Urteil aufgehoben und über diese Strafsache sofort ein neues Urteil gefällt werden.

4. Kapitel.

Beschwerde (Kōkoku).

§ 293. Die Beschwerde ist nur in den besonders im Gesetze bestimmten Fällen gestattet.

§ 294. Die Beschwerde soll von dem unmittelbar übergeordneten Gerichte entschieden werden.

Gegen eine Entscheidung des Beschwerdegerichtes ist keine Beschwerde gestattet.

§ 295. Die Frist zur Einbringung der Beschwerde beträgt drei Tage nach Zustellung der Entscheidung.

---

[1]) Verfolgung privatrechtlicher Ansprüche.

§ 296. Die Beschwerde wird durch eine schriftliche Erklärung eingelegt bei dem Gerichte oder dem Untersuchungsrichter, von welchem die angefochtene Entscheidung gefällt worden ist. Erachten das Gericht oder der Untersuchungsrichter die Beschwerde für begründet, so sollen sie die angefochtenen Punkte der Entscheidung verbessern (nach dem Beschwerdeantrag verändern). — Erscheint sie ihnen unbegründet, so sollen sie die Beschwerde jenem Gerichte, das darüber zu entscheiden hat, innerhalb von drei Tagen mit ihrer Ansicht übergeben und wenn es sich um eine Entscheidung handelt, welche den Abschluß einer Untersuchung verfügt, auch die Prozeßakten mit übersenden.

§ 297. Das Beschwerdegericht soll seine Entscheidung nach Anhörung des Staatsanwaltes auf Grundlage der Akten fällen.

§ 298. Ist die Beschwerde gegen eine Entscheidung erhoben, welche den Abschluß der Untersuchung verfügt, so kann das Beschwerdegericht, falls es dies für notwendig hält, einen Richter beauftragen, die Sache zu prüfen und darüber einen Bericht zu erstatten.

Der beauftragte Richter kann von allen einem Untersuchungsrichter zustehenden Befugnissen Gebrauch machen.

§ 299. Das Beschwerdegericht wird prüfen, ob die Beschwerde zulässig und in der gesetzlichen Frist eingebracht ist; fehlt eine dieser beiden Bedingungen, so wird es die Beschwerde verwerfen.

§ 300. Erachtet das Beschwerdegericht die Beschwerde für begründet, so soll es die angefochtene Entscheidung aufheben und selbst eine neue treffen. Wenn es die Beschwerde für unbegründet erachtet, so soll es dieselbe verwerfen.

6. Buch.

Wiederaufnahme des Verfahrens (Saishin).

§ 301. Eine Wiederaufnahme des Verfahrens kann gegen rechtskräftige Urteile wegen Verbrechen oder Vergehen lediglich zugunsten des Verurteilten eingebracht werden und zwar in folgenden Fällen:

1. wenn eine Verurteilung wegen Tötung erfolgt ist, jedoch der sichere Beweis vorliegt, daß die angeblich getötete Person nach Verübung der Tat noch gelebt hat oder vor deren Verübung bereits gestorben war;
2. wenn mehrere wegen derselben Tat verurteilt worden sind, ohne daß zwischen den Verurteilten das Verhältnis der Mittäterschaft oder Teilnahme vorliegt;
3. wenn bezüglich einer Person nachträglich durch eine öffentliche Urkunde, welche vor Verübung der Tat bereits abgefaßt worden ist, der Beweis erbracht wird, daß dieselbe zur

Zeit der Verübung überhaupt nicht am Orte der Tat gewesen ist;[1])

4. wenn Personen dafür, daß sie die Verurteilung des Angeklagten verursacht haben, selbst verurteilt worden sind;
5. wenn durch öffentliche Urkunden bewiesen wird, daß sich in den Prozeßakten Fälschungen oder Irrtümer vorfinden;
6. wenn das strafrechtliche Urteil sich auf ein zivilrechtliches stützt, dieses letztere aber durch ein anderes rechtskräftiges Urteil aufgehoben oder als nichtig erklärt worden ist.

§ 302. Das Recht, die Wiederaufnahme des Verfahrens zu beantragen, steht zu:

1. dem Staatsanwalt des Gerichtes, welches die Verurteilung ausgesprochen hat;
2. dem Staatsanwalte der Berufungsinstanz jenes Gerichtes, welches die Verurteilung ausgesprochen hat;
3. dem Staatsanwalte der Revisionsinstanz jenes Gerichtes, welches die Verurteilung ausgesprochen hat, von Amtswegen oder auf Befehl des Justizministers;
4. dem Verurteilten;
5. im Falle des Todes des Verurteilten seinen Verwandten und Verschwägerten.

§ 303. Die Wiederaufnahme des Verfahrens kann jederzeit, auch nach dem Erlöschen[2]) der Strafe beantragt werden.

§ 304. Der Antrag auf Wiederaufnahme des Verfahrens wird mit der schriftlichen Begründung jenem Gerichte übergeben, welches das angefochtene Urteil gefällt hat, unter Beifügung einer Abschrift dieses Urteils und der Beweisurkunden.[3])

Der Staatsanwalt des ursprünglichen Gerichtes wird dieses Gesuch mit seiner Ansicht dem Staatsanwalte des Revisionsgerichtes[4]) übersenden.

Der Staatsanwalt des ursprünglichen Gerichtes oder der bei der Berufungsinstanz, welche selbst die Wiederaufnahme des Verfahrens beantragt haben, sollen die erwähnten Schriftstücke vorlegen.

§ 305. Das Revisionsgericht soll auf Verlangen des Staatsanwaltes unverzüglich einen Richter beauftragen, die Sache zu prüfen und einen Bericht darüber zu erstatten.

§ 306. Das Revisionsgericht wird nach Anhörung des Berichtes des beauftragten Richters und nach Anhörung des Staatsanwaltes den Urteilsspruch fällen.

§ 307. Wenn das Revisionsgericht die Wiederaufnahme des Verfahrens für begründet erachtet, so soll es das angefochtene Urteil aufheben, die neuerliche Durchführung der öffentlichen Klage und

---

[1]) Alibibeweis durch eine öffentliche Urkunde.

[2]) Durch Verbüfsung oder die anderen Erlöschungsarten, z. B. Verjährung, Tod des Verurteilten usw.

[3]) Die Beweisurkunden in der Urschrift.

[4]) Das Revisionsgericht ist für die Wiederaufnahme immer zuständig.

der Privatanklage anordnen und die Sache vor ein Gericht der gleichen Art und Ordnung wie jenes, welches das Urteil bereits gefällt hat, verweisen.

Das Gericht, an welches die Sache gewiesen worden ist, soll nach den gewöhnlichen Vorschriften vorgehen und entscheiden.

§ 308. Ist die Wiederaufnahme des Verfahrens durch Verwandte oder Verschwägerte eines verstorbenen Verurteilten eingebracht worden und erachtet das Revisionsgericht die Wiederaufnahme für begründet, so soll es das Urteil aufheben, ohne die Sache vor ein anderes Gericht zu verweisen.

§ 309. Wenn das neuerliche Urteil der Wiederaufnahme des Verfahrens den Freispruch des Beschuldigten verfügt oder das Revisionsgericht im Falle des vorigen Paragraphen das angefochtene Urteil aufgehoben hat, so soll dieses Urteil öffentlich angeschlagen werden, um die Ehre des Verurteilten wieder herzustellen.

7. Buch.

Verfahren in Strafsachen, welche zur besonderen Zuständigkeit des Obersten Gerichtshofes gehören.

(Daishinin no tokubetsu kengen ni zokusuru soshe tetsuzuki).

§ 310. Bei Straftaten, welche gemäß § 50 Nr. 2 des Gerichtsverfassungsgesetzes zur besonderen Zuständigkeit des Obersten Gerichtshofes gehören, soll der Generalprokurator die Erforschung der Straftaten übernehmen.

Die Staatsanwälte der Land- und Bezirksgerichte sowie die Gerichtspolizeibeamten sind ebenfalls befugt, nach diesen Delikten nachzuforschen und haben dem Generalprokurator darüber Bericht zu erstatten.

§ 311. Ist im Falle von Inflagrantidelikten des vorangegangenen Paragraphen Dringlichkeit vorhanden, so können die Staatsanwälte der Land- und Bezirksgerichte, sowie die Gerichtspolizeibeamten gemäß den Bestimmungen der §§ 144 und 147, Absatz 1, ohne daß eine Verständigung des Untersuchungsrichters notwendig wäre, Untersuchungshandlungen vornehmen.

§ 312. In diesem Falle wird der Staatsanwalt des Landgerichtes dem Generalprokurator unverzüglich die Beweisurkunden mit seiner Ansicht übersenden.

§ 313. Immer wenn der Generalprokurator glaubt, daß die Tat zur besonderen Zuständigkeit des Obersten Gerichtshofes gehört und daß die öffentliche Klage erhoben werden soll, wird er den Präsidenten des Obersten Gerichtshofes ersuchen, einen Untersuchungsrichter zu bestimmen.

§ 314. Hat der durch den Präsidenten des Obersten Gerichtshofes bestimmte Untersuchungsrichter die Untersuchung durchgeführt und glaubt er sodann, daß keine weiteren Nachforschungen mehr notwendig sind, so soll er alle Prozeßakten mit seiner Ansicht dem Obersten Gerichtshofe übersenden.

§ 315. Der Oberste Gerichtshof wird nach Anhörung des Generalprokurators entscheiden, ob für die Strafsache eine Hauptverhandlung angeordnet werden soll oder nicht.

Entscheidet der Oberste Gerichtshof, daß die Strafsache zur Zuständigkeit eines Land- oder Bezirksgerichtes gehört, so wird er nach Bestimmung des zuständigen Gerichtes diesem die Strafsache übersenden. Erachtet er (der Oberste Gerichtshof) die Strafsache zur Zuständigkeit eines besonderen Gerichtes[1]) gehörig, so wird er durch Beschluß nur seine Unzuständigkeit aussprechen.

Im Falle des § 165 soll der Oberste Gerichtshof durch Beschluß die Befreiung vom Prozesse aussprechen.

§ 316. Mit Ausnahme der in den vorangegangenen Paragraphen getroffenen Bestimmungen sind die im 3. und 4. Buche enthaltenen Vorschriften auch auf die Voruntersuchung und Hauptverhandlung für das Verfahren beim Obersten Gerichtshofe entsprechend anwendbar.

8. Buch.

Vollstreckung der Urteile, Rehabilitation und besondere Begnadigung.

(Saibanshiko fükuken oyobi tokusha).

1. Kapitel.

Vollstreckung der Urteile (Saibanshiko).

§ 317. Strafurteile sind nicht vollstreckbar, bevor sie rechtskräftig geworden sind.

(Durch § 47 des Einführungsgesetzes zum Strafgesetzbuche wird folgender Absatz zugefügt):

Sind zwei oder mehrere Hauptstrafen in einer Strafanstalt zu vollstrecken, so soll zuerst die schwerere Strafe vollstreckt werden; doch kann der Staatsanwalt wegen besonderer Umstände die Vollstreckung der schwereren Strafe aufschieben und die andere (zuerst) vollstrecken lassen.

§ 318. Ist ein **Todesurteil** rechtskräftig geworden, so soll der Staatsanwalt dem Justizminister unverzüglich die Prozeßakten übersenden.

Befiehlt der Justizminister die Vollstreckung der Todesstrafe an, so wird sie innerhalb dreier Tage vollzogen.

(Durch § 48 des Einführungsgesetzes zum Strafgesetzbuche werden folgende 2 Absätze zugefügt):

§ 318. 2. Bei der Vollstreckung der Todesstrafe sollen ein Staatsanwalt und ein Gerichtsschreiber anwesend sein. Außer den

[1]) Militärgericht oder Konsulargericht in China usw.

bei der Vollstreckung mitwirkenden Personen darf niemand Zutritt erhalten, es sei denn, daß der Staatsanwall oder der Leiter der Gefangenenanstalt die Erlaubnis dazu erteilt haben.

§ 318. 3. Ist der zum Tode Verurteilte des Gebrauches seiner Vernunft vollkommen beraubt, so soll auf Befehl des Justizministers die Vollstreckung des Todesurteils bis zu seiner Heilung aufgeschoben werden.[1] Ist eine schwangere Frau zum Tode verurteilt, so soll das Urteil nach der Geburt des Kindes erst vollstreckt werden, bis es der Justizminister befiehlt.

§ 319 (ist durch § 49 des Einführungsgesetzes zum Strafgesetzbuche verändert wie folgt):

Die Vollstreckung der anderen Strafen außer der Todesstrafe soll unmittelbar nach Eintritt ihrer Rechtskraft stattfinden.

Den zu Zuchthaus, Gefängnis oder Haft Verurteilten kann ein **Strafaufschub** bis zur Beseitigung des Hindernisses in folgenden Fällen gewährt werden:

1. wenn der Verurteilte des Gebrauches der Vernunft beraubt ist;
2. wenn die (sofortige) Vollstreckung der Strafe sein Leben gefährden würde;
3. einer Frau vom siebenten Monat der Schwangerschaft an;
4. einer Frau im ersten Monat nach der Geburt des Kindes.

Der Festhaltungsbefehl, welcher vom Staatsanwalte gegen den zu einer Freiheitsstrafe Verurteilten erlassen worden ist, der sich der Vollstreckung zu entziehen versucht hat, wird wie ein Haftbefehl betrachtet. Das gleiche gilt für einen Festhaltungsbefehl, der gegen einen in seiner Abwesenheit Verurteilten erlassen worden ist.

§ 320 ist durch § 50 des Einführungsgesetzes zum Strafgesetzbuche verändert wie folgt:

Die Strafvollstreckung erfolgt über Anweisung[2]) des Staatsanwaltes jenes Gerichtes, welches das Urteil gefällt hat oder des Staatsanwaltes jenes Gerichtes, welches vom Revisionsgerichte den Befehl dazu erhalten hat.[3])

Das Gleiche gilt beim Strafaufschub.

Geldstrafen und Geldbußen, Prozeßkosten, eingezogene Gegenstände[4]) sowie Geldbeträge, welche an die Staatskasse zu bezahlen sind, sollen auf Befehl des Staatsanwaltes eingehoben werden.

Für die Einhebung der im vorigen Absatze angeführten Gegenstände findet § 208 des außerstreitigen Verfahrens entsprechende Anwendung.

---

1) Wegen Testament, Beichte usw.

2) shiki = eine schwächere Form für „befehlen", anweisen.

3) Diese unklaren Worte wollen nur betonen, dafs der Staatsanwalt des Revisionsgerichtes gewöhnlich nicht die Vollstreckung der Urteile 2. Instanz anweist.

4) Siehe § 19 japanisches StGB.

Wenn eingezogene Gegenstände vernichtet werden müssen, so soll der Staatsanwalt dies verfügen.

§ 321. Über die Vollstreckung der Todesstrafe soll der Gerichtsschreiber ein Protokoll aufnehmen; dieses Protokoll wird vom Gerichtsschreiber und den Beamten, die gemäß der „Vorschrift über die Vollstreckung der Todesstrafe" bei der Vollstreckung anwesend gewesen sind, unterschrieben und gesiegelt.

§ 322. Sind vom Verurteilten über die Auslegung des Urteils bezüglich der darin ausgesprochenen Strafe Zweifel vorgebracht oder Einwendungen gegen die Vollstreckung des Urteiles erhoben worden, so soll das Gericht, welches das Urteil ausgesprochen hat, darüber entscheiden.

Gegen diese Entscheidung kann die Beschwerde ergriffen werden.

§ 323. Bei der Vollstreckung von Verurteilungen über privatrechtliche Ersatzansprüche und Kosten, welche die Prozeßbeteiligten zu tragen haben, sollen die Vorschriften der Zivilprozeßordnung angewendet werden.

Die Kapitel 2 und 3 (Rehabilitation und besondere Begnadigung, §§ 324—334) sind durch § 52 des Einführungsgesetzes zum Strafgesetzbuche aufgehoben worden.

Schlußbestimmungen (Füsóku).

Das gegenwärtige Gesetz soll vom 1. November 1890 an in Kraft treten, von welchem Tage an die frühere Strafprozeßordnung außer Wirksamkeit tritt.

Anhang.

Gesetz über die Gefangenanstalten.

Gesetz Nr. 28 vom März 1908.

Erstes Kapitel.

Allgemeine Vorschriften.

Art. 1. Die Gefangenanstalten in diesem Gesetze sind folgender Art:

1. Zuchthaus (Choyekikan), wo der zur Zuchthausstrafe Verurteilte inhaftiert wird.
2. Gefängnis (Kinkokan), wo der zur Gefängnisstrafe Verurteilte inhaftiert wird.
3. Haftanstalt (Koryukan), wo der zur Haftstrafe Verurteilte inhaftiert wird.
4. Untersuchungsanstalt (Kochikan), wo der Angeklagte und der zum Tode Verurteilte inhaftiert wird.

In der Untersuchungsanstalt können die zur Zuchthaus-, Gefängnis- und zur Haftstrafe Verurteilten einstweilen inhaftiert werden.

Die Haftanstalt, welche zur Polizeibehörde gehört, kann als Gefangenanstalt benutzt werden.

In derselben aber kann der zur Zuchthaus- oder Gefängnisstrafe Verurteilte nicht über einen Monat fortdauernd inhaftiert werden.

Art. 2. Eine jugendliche Person, die das 18. Lebensjahr noch nicht vollendet hat und zu einer Zuchthausstrafe über zwei Monate verurteilt ist, wird in einer besonderen Gefangenanstalt oder in einem besonderen Teil einer Gefangenanstalt, der vom andern Teil abgesondert ist, inhaftiert.

Die im obigen Absatz bezeichnete Person kann bis zum 20. Lebensjahr oder noch drei Monate darüber hinaus in derselben Anstalt oder in demselben Teil fortdauernd inhaftiert werden, wenn die Strafzeit bis dahin abläuft.

Wenn es durch den Zustand der geistigen und körperlichen Entwicklung notwendig erscheint, so können die Bestimmungen der obigen zwei Absätze betreffs des Lebensalters nicht in Anwendung kommen.

Art. 3. Die Gefangenanstalt wird in männliche und weibliche eingeteilt und abgesondert.

Wenn das Zuchthaus, Gefängnis, die Haftanstalt und die Untersuchungsanstalt sich in ein und demselben umschlossenen Platz befinden, so werden sie von einander abgesondert.

Art. 4. Der zuständige Minister hat die Gefangenanstalt wenigstens alle zwei Jahre einmal durch einen Beamten inspizieren zu lassen.

Der Richter sowie Staatsanwalt kann jederzeit die Gefangenanstalt besichtigen.

Art. 5. Besichtigung der Gefangenanstalten kann einzelnen Personen gemäß der Verordnungsbestimmungen gestattet werden, wenn die Besichtigung zum Zwecke des Studiums geschieht oder sonst als gerechtfertigt erscheint.

Art. 6. Sachen, die durch dieses Gesetz eingezogen oder der Staatskasse zugefallen sind, werden für Wohltätigkeitszwecke in der Gefangenanstalt benutzt.

Art. 7. Der Gefangene kann etwaige Beschwerden, wenn er über die Behandlung in der Anstalt unzufrieden ist, nach den Bestimmungen der Verordnung vor den zuständigen Minister oder inspizierenden Beamten vorbringen.

Art. 8. Ein Arbeitshaus wird der Gefangenanstalt angeschlossen.

Die Bestimmungen der Art. 3—7 finden auf das Arbeitshaus entsprechende Anwendung.

Art. 9. Die Bestimmungen, die auf die Angeklagten anzuwenden sind, finden gegenüber den zum Tode Verurteilten entsprechende Anwendung, sofern keine besonderen Bestimmungen vorhanden sind. Die Bestimmungen, die auf die Zuchthaussträflinge anzuwenden sind, finden für diejenigen, welche im Arbeitshaus untergebracht sind, entsprechende Anwendung.

Art. 10. Dieses Gesetz findet keine Anwendung auf diejenigen Gefangenanstalten, welche zur Marine oder zum Militär gehören.

Zweites Kapitel.

Aufnahme.

Art. 11. Nach der Untersuchung des Haftbefehls oder Urteils und des Vollstreckungsbefehls oder sonstiger notwendigen Schriftstücke erfolgt die Einsperrung in die Gefangenanstalt.

Art. 12. Wünscht eine weibliche Person bei der Einsperrung in die Gefangenanstalt ihr Kind mitzunehmen, so kann ihr Wunsch, wenn es notwendig erscheint, gestattet werden, bis das Kind das erste Lebensjahr vollendet hat.

Der obige Satz findet auf das in der Anstalt geborene Kind entsprechende Anwendung.

Art. 13. Derjenigen Person kann die Aufnahme in die Anstalt verweigert werden, die bei der Einsperrung in die Anstalt an einer ansteckenden Krankheit leidet und dem Vorbeugungsgesetz der Infektionskrankheit zufolge Vollziehung einer Vorbeugungsmaßregel notwendig macht.

Art. 14. Bei der Einsperrung in die Gefangenanstalt haben sich alle Personen einer Untersuchung ihres Körpers und ihrer Kleidung zu unterziehen. Dies gilt auch von denjenigen bereits in der Gefangenanstalt befindlichen, bei denen die Untersuchung notwendig erscheint.

Drittes Kapitel.

Haft.

Art. 15. Die Gefangenen, mit Ausnahme derjenigen, die durch den geistigen und körperlichen Zustand ungeeignet erscheinen, können in die Einzelhaft gebracht werden.

Art. 16. Bei der Gemeinschaftshaft wird der Haftraum mit Berücksichtigung auf die Art der Verbrechen, die ein Gefangener beging, auf Persönlichkeit eines Gefangenen, auf die Zahl der wiederholt begangenen Verbrechen eines Gefangenen und auf die Lebensjahre eines Gefangenen abgesondert.

In dem Falle der Art. 1 Abs. 2 und 3 wird der Haftraum nach der Art der Gefangenen abgesondert.

Ein Haftraum für diejenigen, welche das 18. Lebensjahr noch nicht vollendet haben, wird vom Haftraum für diejenigen, welche das 18. Lebensjahr schon vollendet haben, mit Ausnahme der Fälle in Art. 2 Abs. 2, abgesondert, es sei denn, daß es durch den Zustand der geistigen und körperlichen Entwickelung nicht notwendig erscheint.

Die Bestimmungen der obigen drei Absätze finden im Falle der Beschäftigung in dem Arbeitszimmer entsprechende Anwendung.

Art. 17. Die Hafträume für diejenigen Untersuchungsgefangenen, welche in demselben Vorfalle verwickelt sind, werden von einander getrennt, und außerdem wird ihnen auch noch außerhalb des Haftraumes der Verkehr mit einander verhindert.

Art. 18. Wenn das Zuchthaus, Gefängnis, die Haftanstalt, die Untersuchungsanstalt und das Arbeitshaus sich in ein und demselben umschlossenen Platz befinden, so kann für das männliche, sowohl wie für das weibliche Geschlecht ein und dieselbe Krankenabteilung oder derselbe Predigtsaal benutzt werden.

Im obigen Falle wird der Haftraum oder der Sitz nach der Art der Gefangenen getrennt und auch die Stunde der ärztlichen Untersuchung oder der geistigen Pflege wechselt ab.

In den Krankenabteilungen kann der Art. 2 und 16 nicht in Anwendung gebracht werden.

Viertes Kapitel.

Verwahrung.

Art. 19. Wenn zu befürchten ist, daß die Gefangenen Entweichung, Gewalttat oder Selbstmord begehen könnten, auch wenn sie sich im Freien befinden, so können ihnen Fesseln angelegt werden.

Die Art der Fessel wird durch Verordnung bestimmt.

Art. 20. Säbel oder Gewehre, welche von den Anstaltsbeamten gemäß den Gesetzen und Verordnungen getragen werden, dürfen nur dann gegenüber den Gefangenen gebraucht werden:

1. wenn ein Gefangener gegen den Körper eines andern eine gefährliche Gewalttat verübt oder zu verüben droht;
2. wenn ein Gefangener einen Gegenstand, der zu einer gefährlichen Gewalttat brauchbar ist, besitzt und mit dem Ablegen dieses Gegenstandes nicht einverstanden ist;
3. wenn mehrere Gefangene zum Zweck der Entweichung Aufruhr stiften;
4. wenn ein Gefangener, der einen Entweichungsversuch gemacht hat, durch Gewalttat sich der Festnahme zu entziehen beabsichtigt, oder trotz der Warnung eines Beamten zu entweichen versucht.

Art. 21. Bei (Naturereignissen), unvorhergesehenen Vorkommnissen können die Gefangenen, wenn es notwendig erscheint, zu einer Eile erheischenden dringenden Arbeit gezwungen werden.

Für Personen, welche zu obiger Arbeit gezwungen waren, findet die Bestimmung des Art. 28 entsprechende Anwendung.

Art. 22. Wenn bei den genannten Vorkommnissen es keinen Ausweg gibt, Unglück abzuwenden, so können die Gefangenen an einen andern Platz gebracht werden, sollte aber keine Zeit dazu vorhanden sein, so können sie einstweilen entlassen werden.

Die Entlassenen haben in der Gefangenanstalt oder vor der Polizeibehörde zu erscheinen; wenn sie binnen 24 Stunden nach Entlassung nicht erschienen sind, so werden sie nach Art. 97 des Strafgesetzbuches bestraft.

Art. 23. Wenn ein Gefangener entweicht, so kann der Anstaltsbeamte ihn nur binnen 48 Stunden nach der Entweichung festnehmen.

Ungeachtet der obigen Bestimmung kann auch der Art. 60 der Strafprozeßordnung Anwendung finden.

Fünftes Kapitel.

Arbeit.

Art. 24. Die Arbeit ist den Gefangenen mit Rücksicht auf allgemeine Gesundheitspflege, wirtschaftliche Verhältnisse und auf die Strafzeit, Fähigkeit, den Beruf, künftige Lebensweise eines einzelnen Gefangenen zuzuweisen.

Bei denjenigen Personen, die das 18. Lebensjahr noch nicht vollendet haben, ist außerdem noch besonders auf die Erziehungsfürsorge Rücksicht zu nehmen.

Art. 25. An Feiertagen, auch am 1. und 2. Januar, sowie am 31. Dezember werden die Gefangenen von der Beschäftigung befreit.

Derjenige, der eine Todesnachricht seiner Eltern erhält, wird 3 Tage von der Beschäftigung befreit.

Der zuständige Minister hat das Recht, bei besonderen Vorfällen die Gefangenen von der Beschäftigung zu befreien, wenn es notwendig erscheint.

Es kommt vor, daß diejenigen, die sich mit Küche, der Reinigung, Krankenpflege, und anderer zur Haushaltung der Gefangenanstalt gehörenden Arbeit beschäftigten, an genannten Tagen von der Beschäftigung nicht befreit werden.

Art. 26. Wünscht ein Untersuchungsgefangener, ein Haft- oder Gefängnissträfling sich mit einer Arbeit zu beschäftigen, so kann ihm je nach der Art der Arbeit der Wunsch gestattet werden.

Art. 27. Der Ertrag der Arbeit fließt der Staatskasse zu.

Dem Gefangenen, der sich mit einer Arbeit beschäftigt, kann eine Arbeitsbelohnung gemäß den Bestimmungen der Verordnung gegeben werden.

Der Betrag der Arbeitsbelohnung wird mit Berücksichtigung auf das Verhalten des Gefangenen auf den Erfolg der Arbeit bestimmt.

Art. 28. Dem Gefangenen, der sich bei der Beschäftigung verwundet oder eine Krankheit zuzieht und dadurch arbeitsunfähig wird, kann je nach den Umständen eine Geldentschädigung gegeben werden.

Die obige Entschädigung wird bei der Entlassung dem Entlassenen selbst, und im Fall seines Todes, dessen Vater, Mutter, Ehegatten oder seinen Kindern gegeben.

Sechstes Kapitel.

Geistige Pflege und Unterricht.

Art. 29. Dem Sträflinge muß eine geistige Pflege erteilt werden. Wünscht ein Gefangener eine geistige Pflege zu erhalten, so kann ihm dies gestattet werden.

Art. 30. Dem Sträflinge, der das 18. Lebensjahr noch nicht vollendet hat, müssen Unterrichtsstunden erteilt werden, wenn Unterrichtsstunden für einen andern Sträfling besonders notwendig erscheinen, so können ihnen dieselben ohne Rücksicht auf seine Lebensjahre erteilt werden.

Art. 31. Wenn ein Gefangener ein Schriftstück zu lesen oder ein Bild zu sehen wünscht, so wird es ihm gestattet.

Die Beschränkung über das Lesen eines Schriftstückes oder Sehen eines Bildes wird durch Verordnung bestimmt.

Siebentes Kapitel.

Unterhalt.

Art. 32. Der Sträfling wird mit einem bestimmten Kleidungsstück und Bett versehen, doch dürfen die einen Haftsträflinge eigene

Kleidung tragen, die anderen dürfen sich auf eigene Kosten Leibwäsche verschaffen.

Art. 33. Der Untersuchungsgefangene und der im Arbeitshaus Untergebrachte haben sich auf eigene Kosten mit Kleidungsstücken sowie Bett zu versehen; wenn sie sich aber dieselben nicht besorgen können, so werden ihnen dieselben geliehen.

Die Beschränkung über das auf eigene Kosten zu besorgende Kleidungsstück und Bett wird durch Verordnung bestimmt.

Art. 34. Notwendige Nahrungsmittel und Getränke werden mit Berücksichtigung auf die Körperanlage, Gesundheit, Lebensjahre und Arbeit eines einzelnen Gefangenen demselben zugeteilt.

Art 35. Dem Untersuchungsgefangenen kann Selbstbeköstigung gestattet werden.

Achtes Kapitel.

Gesundheitspflege und ärztliche Behandlung.

Art. 36. Von dem Gefangenen kann verlangt werden, sich die Haare, den Bart schneiden resp. nehmen zu lassen. Doch darf dies dem Untersuchungsgefangenen nicht wider seinen Willen aufgedrungen werden, ausgenommen dem Fall, daß dies wegen der Gesundheitspflege besonders notwendig erscheint.

Art. 37. Um den Haftraum sauber zu halten, hat sich der Gefangene mit der dazu notwendigen Arbeit zu beschäftigen.

Art. 38. Der Gefangene soll wegen Bewegung, die für Gesundheit notwendig ist, ins Freie geführt werden.

Art. 39. Impfung sowie andere medizinische Behandlungen welche zur Vorbeugung einer Infektionskrankheit notwendig erscheinen, können bei dem Gefangenen angewendet werden.

Art. 40. Erleidet ein Gefangener eine Krankheit, so wird er von seinem Arzte behandelt, und wenn es notwendig ist, in die Krankenabteilung untergebracht.

Art. 41. Der Infektionskranke ist streng von den Gesunden und anderen Kranken getrennt zu halten, ausgenommen, daß die Anstalt ihn durch Zuchthaussträflinge pflegen läßt.

Art. 42. Nennt der Kranke einen Arzt und wünscht auf eigene Kosten dessen Hilfe in Anspruch zu nehmen, so wird es ihm je nach Umständen gestattet.

Art. 43. Sollte der Gefangene geisteskrank sein, oder eine Infektionskrankheit oder irgend eine andere Krankheit erleiden, bei der in der Anstalt eine passende Behandlung nicht anwendbar ist, so kann der Kranke unter Umständen in ein Krankenhaus gebracht werden.

Derjenige, der gemäß obigem Absatz im Krankenhaus untergebracht ist, wird als Gefangener betrachtet.

Art. 44. Eine sich in Schwangerschaft Befindliche, eine Wöchnerin, eine an Alterschwäche Leidende und ein Krüppel kann dem Kranken gleich behandelt werden.

Neuntes Kapitel.

Besuche und Briefe.

Art. 45. Wünscht jemand einen Gefangenen zu besuchen, so wird es ihm gestattet.

Der Sträfling darf außer seinen Verwandten keine Besuche empfangen, es sei denn, daß es besonders notwendig erscheint.

Art. 46. Der Gefangene darf Briefe absenden oder empfangen, dem Sträfling ist kein Briefverkehr außer mit seinen Angehörigen gestattet, es sei denn, daß es besonders notwendig erscheint.

Art. 47. Brieflicher Verkehr unter Sträflingen wird gänzlich untersagt, wenn er als unangebracht gefunden wird.

Wenn brieflicher Verkehr nach obigem Absatz unangebracht ist, so können einlaufende sowie abzusendende Briefe nach Ablauf von zwei Jahren vernichtet werden.

Art. 48. Von Gerichten oder anderen öffentlichen Behörden einlaufende Schriftstücke, die an einen Gefangenen adressiert sind, werden geöffnet und gelesen und dann dem Gefangenen ausgehändigt.

Art. 49. Die einem Gefangenen ausgehändigten Briefe und die im vorstehenden Artikel bezeichneten Schriftstücke, welche der Gefangene schon gelesen hat, werden aufbewahrt.

Art. 50. Die Anwesenheit eines Beamten beim Besuch, die Durchsicht der Briefe sowie die Beschränkung über Besuche und Briefverkehr werden durch Verordnung bestimmt.

Zehntes Kapitel.

Aufbewahrung.

Art. 51. Die Sachen, welche ein Gefangener mitgebracht hat, sind nach der Untersuchung aufzubewahren.

Die Sachen, welche zum Aufbewahren keinen Wert haben oder unpassend sind, können nicht aufbewahrt oder die schon erfolgte Aufbewahrung aufgehoben werden.

Wenn der Gefangene keine Verfügung über die Sachen, welche nicht aufbewahrt sind, oder deren Aufbewahrung aufgehoben wurde, getroffen hat, so können sie vernichtet werden.

Art. 52. Wenn ein Gefangener die aufbewahrten Sachen zur Lebensunterhaltung des Vaters, der Mutter, des Ehegatten, der Kinder oder zu einem andern berechtigten Zweck zu gebrauchen wünscht, so kann dies nach Umständen gestattet werden.

Art. 53. Wünscht jemand einem Gefangenen eine Sache auszuhändigen, so kann dies nach den Bestimmungen der Verordnung gestattet werden.

Die Sachen, welche einem Gefangenen geschickt werden, können eingezogen oder vernichtet werden, wenn der Name oder der Aufenthaltsort des Absenders unbekannt ist, oder wenn der Gefangene den Empfang der Sachen verweigert.

Art. 54. Eine Sache, welche ein Gefangener ohne Erlaubnis bei sich hat, kann eingezogen oder vernichtet werden.

Art. 55. Aufbewahrte Sachen werden dem Gefangenen bei der Entlassung ausgehändigt.

Art. 56. Der Nachlaß eines Verstorbenen wird auf Verlangen Erben, Hausgenossen oder Angehörigen ausgehändigt.

Art. 57. Der Nachlaß eines Verstorbenen fließt der Staatskasse zu, wenn keine von den im vorstehenden Artikel bezeichneten Personen darauf innerhalb eines Jahres nach dem Tode Anspruch erhebt.

Über die Sachen eines Entwichenen gilt das gleiche, wenn sein Aufenthaltsort binnen einem Jahre nach der Entweichung nicht bekannt ist.

Elftes Kapitel.

Belohnung und Strafe.

Art. 58. Wenn ein Gefangener Besserung seines Charakters zeigt, kann ihm eine Belohnung zukommen.

Art und Weise der Belohnung wird durch Verordnung bestimmt.

Art. 59. Ein Gefangener, der Disziplinarvorschriften verletzt hat, wird mit der Disziplinarstrafe bestraft.

Art. 60. Die Disziplinarstrafen sind:

1. Verweis,
2. Entziehung der Belohnung bis zu drei Monaten,
3. Gänzliche Entziehung der Belohnung,
4. Entziehung des Gebrauchs der Bücher und Bilder bis zu drei Monaten,
5. Entziehung der freiwilligen Arbeit bis zu 10 Tagen,
6. Entziehung des Gebrauchs eigener Kleidungsstücke, Bettstücken bis zu 15 Tagen,
7. Entziehung der Selbstbeköstigung bis zu 15 Tagen,
8. Entziehung der Bewegung im Freien bis zu 5 Tagen,
9. Gänzliche oder teilweise Entziehung der Summe einer Arbeitsbelohnung,
10. Schmälerung der Beköstigung bis zu 7 Tagen,
11. Leichter Raumarrest bis zu 7 Tagen,
12. Schwerer Raumarrest bis zu 7 Tagen.

Der Raumarrest ist eine Strafe, nach welcher der Sträfling in einer Strafzelle Tag und Nacht eingesperrt und je nach den Umständen ihm keine Arbeit auferlegt wird, bei dem schweren Raumarrest ist die Strafzelle noch zu verdunkeln und das Bettstück zu entziehen.

Alle Disziplinarstrafen des ersten Absatzes können zugleich verhängt werden.

Art. 61. Die Disziplinarstrafe, die in Nr. 10 im ersten Absatz des Art. 60 bezeichnet ist, ist über den Untersuchungsgefangenen sowie denjenigen, welcher das 18. Lebensjahr noch nicht vollendet hat, nicht zu verhängen.

Art. 62. Wenn der disziplinarisch Bestrafte krank ist oder bei ihm ein anderer besonderer Grund vorhanden ist, so kann die Vollstreckung der Strafe gehemmt werden.

Wenn der disziplinarisch Bestrafte sich erheblich gebessert hat, so kann ihm die Strafe erlassen werden.

Zwölftes Kapitel.

Entlassung.

Art 63. Die Entlassung eines Gefangenen erfolgt auf Grund 1. der Begnadigung, 2. des Befehls eines dazu Befugten oder 3. des Ablaufs der Strafzeit, nach Untersuchung der betreffenden Schriftstücke.

Art. 64. Derjenige, der begnadigt, oder dem entweder eine vorläufige Entlassung oder Befreiung erlaubt ist, wird innerhalb 24 Stunden nach dem Eingang des Bewilligungsbriefs oder des Erlaubnisscheins in die Anstalt entlassen.

Art. 65. Außer dem Fall des vorstehenden Artikels erfolgt die Entlassung eines Gefangenen innerhalb 10 Stunden nach Eingang einer Anordnungsschrift in die Anstalt, wenn er kraft der Anordnung entlassen werden soll.

Art. 66. Bei der Entlassung desjenigen, welchem die vorläufige Entlassung oder Befreiung erlaubt ist, wird ihm ein Entlassungsausweis gegeben.

Art. 67. Derjenige, welchem die vorläufige Entlassung erlaubt ist, muß innerhalb der Strafzeit den folgenden Vorschriften folgen:

1. muß er sich einer ordentlichen Beschäftigung widmen und sich sittlich verhalten,
2. muß er sich unter polizeiliche Aufsicht stellen, aber die Polizeibehörde kann nach dem Zuraten der Anstalt die Aufsicht einem andern übertragen.
3. muß er die Aufsichtsbehörde um Erlaubnis ersuchen, wenn er seine Wohnung wechseln oder eine Reise über 10 Tagen antreten will. Der zuständige Minister kann dem vorläufig Entlassenen eine Reise außerhalb des Reiches erlauben.

Art. 68. Wer seine Strafe verbüßt hat, ist bis nachmittag 6 Uhr des folgenden Tages nach Ablauf der Strafzeit zu entlassen.

Art. 69. Wenn der zu Entlassende an einer schweren Krankheit leidet und sich noch in der ärztlichen Behandlung in der Anstalt befindet, so kann die Anstalt ihn auf sein Verlangen in derselben bleiben lassen.

Art. 70. Wenn der zu Entlassende kein Reisegeld nach seiner Heimat oder keine anständige Kleidung hat oder das Reisegeld sich durch Wechselung von Anstalten wegen Gefängnisverwaltung erheblich vermehrt hat, so kann die Anstalt ihm die Kleidung oder das Reisegeld geben.

Dreizehntes Kapitel.

Tod.

Art. 71. Die Vollstreckung der Todesstrafe erfolgt auf dem Hinrichtungsplatz in der Anstalt.

An Feiertagen, 1. und 2. Januar und 31. Dezember findet keine Vollstreckung der Todesstrafe statt.

Art. 72. Bei der Vollstreckung der Todesstrafe darf der Strick erst gelöst werden, wenn der Tod festgestellt ist und darnach fünf Minuten verstrichen sind.

Art. 73. Wenn ein Gefangener gestorben ist, so ist die Leiche einstweilen zu beerdigen.

Die Leiche kann nach vorhergehender Verbrennung bestattet werden, wenn dies notwendig erscheint.

Leichen oder Asche können nach zwei Jahren herausgegraben und zusammen neu bestattet werden.

Art. 74. Wenn ein Angehöriger oder Bekannter eines Verstorbenen um die Auslieferung der Leiche oder Asche ersucht, so kann sie, sofern die Massenbeerdigung noch nicht stattgefunden hat, jederzeit ausgeliefert werden.

Art. 75. Die Leiche eines Sträflings kann gemäß den Bestimmungen der Verordnung zum Zwecke der Lektion zu einem Krankenhaus, einer Schule oder einer anderen öffentlichen Behörde übergeben werden.

Zugehörige Vorschriften.

Dieses Gesetz tritt an dem Tage, an welchem das Strafgesetzbuch in Kraft tritt, auch in Kraft.

Die Gefängnisordnung ist aufgehoben; jedoch bleibt die Vorschrift über Zuchthäusler einstweilen in Kraft.

Druck von Leonhard Simion Nf. in Berlin SW.

Fortsetzung auf der 3. Umschlagseite.

Fortsetzung auf der 4. Umschlagseite.

Druck von Leonhard Simion Nf. in Berlin SW. 48.

Kolibri 360 GmbH
Ferdinand-Jühlke-Straße 7
99095 Erfurt, Deutschland
produktsicherheit@kolibri360.de